La casa de Bernarda Alba

Federico García Lorca

La casa de Bernarda Alba

Drama de mujeres en los pueblos
de España

Notas y prólogo
de
Ignacio Álvarez Montoya

Ernst Klett Sprachen
Stuttgart

1. Auflage   1 15 14 13 12 11 | 2028 27 26 25 24

Alle Drucke dieser Auflage sind unverändert und können im Unterricht nebeneinander verwendet werden.
Die letzte Zahl bezeichnet das Jahr des Druckes. Das Werk und seine Teile sind urheberrechtlich geschützt. Jede Nutzung in anderen als den gesetzlich zugelassenen Fällen bedarf der vorherigen schriftlichen Einwilligung des Verlags.

Redaktion: Marcelo Rodríguez
Layoutkonzeption: Elmar Feuerbach
Gestaltung und Satz: Satzkasten, Stuttgart
Umschlaggestaltung: Sandra Vrabec
Titelbild: Imago, Berlin
Bild S. 86: AKG, Berlin
Druck und Bindung: Salzland Druck, Staßfurt

PEFC-zertifiziert
Dieses Produkt stammt aus nachhaltig bewirtschafteten Wäldern und kontrollierten Quellen
PEFC/04-31-2251   www.pefc.de

Printed in Germany
ISBN 978-3-12-535512-5

Índice

Prólogo

Federico García Lorca es probablemente el poeta español más leído del siglo XX y *La casa de Bernarda Alba* una de las obras modernas más representadas en los teatros del mundo. Junto a Bodas de sangre y Yerma se inscribe dentro de la llamada "trilogía rural", que se esfuerza por reflejar de forma poética algunas realidades de su tiempo y, en especial, de las mujeres. Fue terminada apenas un mes antes del golpe de Estado que condujo a la Guerra Civil y que, un mes más tarde, llevaría a la detención de Lorca por parte de autoridades del bando franquista y a su inmediato fusilamiento. Con la presente edición se cumplen 75 años de una muerte que expresa la imposiblidad para la convivencia por parte de "dos Españas" irreconciliables y la desaparición o silenciamiento violentos de las posibilidades que abría una de ellas. La casa de *Bernarda Alba* se estrenó por primera vez en 1945 en Buenos Aires; en los teatros españoles no se representaría hasta el año 1964.

El lector se encuentra en esta obra con unas convenciones sociales extrañas que, para el público de la época en España, podían resultar raramente familiares. La exageración extrema a la que son llevadas es producto de la obsesión por la apariencia frente a los demás de Doña Bernarda. El dominio tiránico que ejerce dentro de su universo lleva a una deformación de los valores morales que ni siquiera el resto de los personajes parece compartir cabalmante, si bien no ven forma de escapar a su influjo. Desde luego, la preocupación por la defensa del honor, incluida su deriva patológica, es tema frecuente en las obras clásicas españolas. Es importante, sin embargo, resaltar que no podemos enfrentarnos a la obra como si se tratara de un drama realista o costumbrista que se limitara a reproducir ciertas características de las clases sociales, aun cuando tuviera el propósito de denunciar una situación injusta.

Ciertamente, Lorca advierte al comienzo de la intención documental de la obra y los personajes resultan creíbles, pero en su teatro todo se mueve dentro de un universo poético muy personal. Podemos encontrar cierta familiaridad de tono con el "esperpento", estilo creador inventado por Valle-Inclán, autor de una generación inmediatamente anterior que sin duda influyó en Lorca. Valle-Inclán utiliza un ejemplo para definir el esperpento según el cual la realidad, los héroes literarios o los productos más bellos del arte reflejados en un espejo de feria, de aquellos que distorsionan las figuras creando formas grotescas y absurdas, dan como resultado el esperpento. Quizá tenga relación ese espejo con la mirada fotográfica de la que habla Lorca en *La casa de Bernarda Alba*, que no tenemos porqué interpretar como neutra. No hay que olvidar tampoco que la vanguardia artística, de la que el autor estuvo cerca en algunos momentos (especialmente respecto al surrealismo en su libro de poemas *Poeta en Nueva York*) aspira a una revolución de arte y vida en la que ambas esferas se confundan. Sería un error, por tanto, interpretar el contexto social de *La casa de Bernarda Alba* para afianzar una visión estereotipada de España que reprodujera ciertos malentendidos románticos de "lo español" como paradigma, por ejemplo, de una obstinada cerrazón orgullosa.

Pese a todo, conviene saber que Lorca se inspiró para el personaje de Bernarda y el drama con sus hijas en unas vecinas de apellido Alba de las que tuvo noticia al veranear con su familia en un pueblo de Granada. Al parecer, estas vecinas presentaban algunos rasgos similares a los de los personajes. Además, la escenografía y el lenguaje utilizado en la obra pueden hacer pensar en Andalucía como lugar del desarrollo de la obra (posibilidad ésta que aparece en sus manuscritos). Sin embargo, el subtítulo describe una situación general de las mujeres dentro de España, no reduciendo el conflicto a un contexto demasiado concreto.

Fijando la atención en la rebeldía de Adela, el personaje que quizá despierta mayor simpatía en el espectador, podríamos decir que el tema de la obra es el conflicto entre el deseo de libertad y la opresión de un entorno social injusto que determina el camino de las personas. Esta problemática es universal y llega a nuestros días aunque no se presente de la misma forma. La expresión del amor y el impulso creador no siempre son fáciles. En el caso de Lorca puede trazarse un paralelismo respecto a su trayectoria vital, pues probablemente experimentó cierta tensión para aceptar su condición sexual dentro de un ambiente en ese sentido mayoritariamente hostil.

Al hablar del enfrentamiento con una realidad intolerante de la que es difícil escapar quisiéramos poner de relieve que, frente a *Bodas de sangre y Yerma*, obras que había escrito poco antes y a las que denominó tragedias, Lorca sitúa desde el subtítulo *La casa de Bernarda Alba* en el terreno del drama. De esta forma resalta la importancia de la psicología y el carácter de los personajes como individuos, aunque algunos símbolos lorquianos mantienen una presencia esencial. Un elemento básico de las tragedias es la determinación de los personajes por el destino, que en la variante moderna suele acentuar el peso que adquiere dentro de este proceso la sociedad. Si bien en *La casa de Bernarda Alba* existen clases diferenciadas y hombres y mujeres ocupan un lugar claramente delimitado dentro de la sociedad, no se puede decir que el orden social tal como es impuesto por Bernarda sea reconocido por los personajes. En la tragedia existen normalmente unos valores que están vivos, mientras que aquí parecen ser fósiles mantenidos en pie sólo como ideas fijas de Bernarda. Adela no puede encarnar aquí a un héroe trágico pues no se da un orden cósmico contra el que cometer una culpa trágica. Más bien se produce una oposición de fuerzas entre la prolongación autoritaria de la injusticia y la búsqueda de la emancipación que daría como resultado la posibilidad de un hombre o mujer nuevos.

Lorca había acumulado mucha experiencia en todos los aspectos de la producción teatral gracias a su labor de codirección del grupo teatral *La Barraca*, patrocinado por el Ministerio de Instrucción Pública de la II República con el objetivo de difundir la cultura por los pueblos. Con esta actividad tuvo oportunidad de desempeñar labores muy diversas (interpretación, decorados... era un excelente músico y pintor), pero sobre todo de dirigir, escribir y adaptar en especial a algunos autores del Siglo de Oro de la literatura española como Calderón o Lope de Vega, cuyo rastro –desmesura, uso de la alegoría, canción popular, etc.– podemos seguir en su propia producción. El diálogo entre modernidad y tradición es una constante en su obra.

Otra característica básica desde sus comienzos es el interés por expresiones creativas y formas populares que normalmente no se comprendían dentro del arte culto (como el guiñol, etc.). En su poesía esa asimilación alcanza un punto clave en *Romancero gitano*. En lo que se refiere a su producción teatral, *La casa de Bernarda Alba* juega con ciertas formas del habla, así como con el uso de canciones o refranes, llevándolos a un refinamiento de la palabra que en ningún caso aspira a una mera transcripción folclórica. La tensión y el desarrollo de la acción están centrados en los diálogos de los personajes, logrando un efecto de gran viveza y espontaneidad. Algunas expresiones y formas que podrían complicar la lectura por falta de referencias son explicadas con claridad en las notas. Para el lector de español como lengua extranjera es una magnífica oportunidad para acercarse a una obra cumbre que, presentada en un lenguaje aparentemente sencillo, encierra una enorme complejidad.

Ignacio Álvarez Montoya

La casa de Bernarda Alba

Drama de mujeres
en los pueblos de España

Personajes

BERNARDA, 60 años
MARÍA JOSEFA (madre de Bernarda), 80 años
ANGUSTIAS (hija de Bernarda), 39 años
5 MAGDALENA (hija de Bernarda), 30 años
AMELIA (hija de Bernarda), 27 años
MARTIRIO (hija de Bernarda), 24 años
ADELA (hija de Bernarda), 20 años
LA PONCIA (criada), 60 años
10 CRIADA, 50 años
PRUDENCIA, 50 años
MENDIGA CON NIÑA

2 **Bernarda** *ger* el significado original del nombre es "fuerte y con el valor, ánimo de un *oso*" (Bär). Quizá el poeta quiere que este nombre represente simbólicamente aspectos del carácter del personaje (así como otros de los nombres siguientes cuyos posibles significados se explican aquí). **Alba** (*lat* = blanca). Lorca se inspiró en una familia con este apellido de la que supo que tenía aspectos parecidos a los de los personajes – 3 **María Josefa** nombre de mujer que, además de estar formado por el nombre de los padres de Jesús, significa en hebreo "estrella de mar que aumenta". Personaje basado en *up* a quien Lorca conoció, perteneciente a su familia lejana, con demencia y delirio erótico parecidos; también cantaba versos con voz armoniosa – 4 **Angustias** nombre propio. Tradicionalmente son nombres de mujer en las zonas de habla española aspectos propios del carácter de la Virgen María (madre de Jesús) o de su comportamiento en ciertos momentos; como en este caso, pues la angustia significa "intranquilidad, preocupación, miedo" – 5 **Magdalena** nombre de mujer. María Magdalena fue una de las mujeres que lamentó la muerte de Jesús en la cruz; tradicionalmente representa el lamento, la lástima; es quien llora – 6 **Amelia** nombre de origen griego que significa "amable, dulce" – 7 **Martirio** nombre de mujer. Sufrir un martirio es sentir dolor intenso. Puede darse a *up* por razón de su religión. – 8 **Adela** *ger* significa "*noble*" (edel) – 9 **(la) Poncia** nombre de mujer. El uso del artículo determinado antes del nombre propio es inadecuado según la norma culta, pero utilizado con frecuencia en el habla coloquial, especialmente en ciertos contextos, como el de los pueblos (así en esta obra de teatro); puede indicar intimidad o amistad con *up*. El nombre de Poncia para este personaje podría referir a Poncio Pilato (Pontius Pilatus), quien según la Biblia se lava las manos mostrando indiferencia respecto al destino de Jesucristo – 10 **un criado** *up* que trabaja en una casa realizando ciertas actividades del hogar; generalmente vive con la familia para la que trabaja – 11 **Prudencia** nombre propio de mujer; la prudencia expresa "cuidado, seriedad, razonabilidad" – 12 **un mendigo** *up* que vive de pedir a los demás, de la generosidad de otros

MUJER 1ᴬ
MUJER 2ᴬ
MUJER 3ᴬ
MUJER 4ᴬ
5 MUCHACHA
MUJERES DE LUTO

El poeta advierte que estos tres actos tienen la intención de un documental fotográfico.

---

5 **un muchacho** chico – 6 **el luto** periodo de tiempo en que se llora o lamenta la muerte de up; en muchos lugares esta costumbre se manifiesta exteriormente por vestir de negro, de luto – 7 **advertir** indicar, explicar, hacer ver

Acto primero

Habitación blanquísima del interior de la casa de Bernarda.
Muros gruesos. Puertas en arco con cortinas de yute rematadas
con madroños y volantes. Sillas de anea. Cuadros con paisajes
5 *inverosímiles de ninfas o reyes de leyenda. Es verano. Un gran*
silencio umbroso se extiende por la escena. Al levantarse el telón
está la escena sola. Se oyen doblar las campanas. Sale la criada.

CRIADA: Ya tengo el doble de esas campanas metido entre las
sienes.

10 LA PONCIA: *(sale comiendo chorizo y pan.)* Llevan ya más de
dos horas de gori-gori. Han venido curas de todos los
pueblos. La iglesia está hermosa. En el primer responso se
desmayó la Magdalena.

CRIADA: Es la que se queda más sola.

15 LA PONCIA: Era la única que quería al padre. ¡Ay! ¡Gracias a
Dios que estamos solas un poquito! Yo he venido a comer.

CRIADA: ¡Si te viera Bernarda! ...

---

2 **blanco** color que puede hacer referencia al apellido de la familia (*lat* alba = blanca)
y puede tener muchos significados simbólicos (pureza, simplicidad, severidad, etc.).
Es también el color de los cementerios españoles – 3 **grueso** ancho; quizá simboliza
la situación de los actores que, como veremos después, están solos, encerrados,
separados del exterior; actúan frente al público, que representa la crítica social
que condiciona sus acciones y lleva a la simulación, preocupación por la apariencia
burguesa – 3 **en arco** con forma de *arco*, de curva (Bogen) – 3 **una cortina** uc que
se utiliza para cubrir puertas o ventanas de la luz y de la mirada de extraños – 3 **el
yute** fibra textil fuerte y dura que se importaba de la India (Jute) – 3 **rematado**
terminado – 4 **un madroño** Troddel; borla pequeña cuyo fruto es parecido al del
madroño (Erdbeerbaum) – 4 **un volante** tejido con forma doblada o arrugada que se
utiliza de decoración (Volant) – 4 **la anea** planta que crece en lagunas cuyas hojas
se utilizan para hacer muebles – 5 **inverosímil** increíble, imposible de pensar en la
realidad – 5 **una ninfa** diosa mitológica del agua, del bosque, etc – 6 **umbroso** a la
sombra, fresco – 6 **un telón** tejido grande en el escenario de un teatro que puede
subir o bajar – 7 **doblar** tocar, hacer sonar una campana – 9 **una sien** cada uno de
los lados exteriores de la cabeza (Schläfe) – 11 **gorigori** *vulg despect ant* canto triste
que acompaña los entierros – 11 **un cura** clérigo, pastor de la iglesia – 12 **un responso**
serie de versos que se dicen (en la liturgia católica) para pedir a Dios por up muerta –
13 **desmayarse** perder la conciencia, caer por desaparecer la fuerza en el cuerpo

LA PONCIA: ¡Quisiera que ahora como no come ella, que todas nos muriéramos de hambre! ¡Mandona! ¡Dominanta! ¡Pero se fastidia! Le he abierto la orza de los chorizos.

CRIADA: *(con tristeza, ansiosa.)* ¿Por qué no me das para mi niña, Poncia?

LA PONCIA: Entra y llévate también un puñado de garbanzos. ¡Hoy no se dará cuenta!

VOZ: *(dentro.)* ¡Bernarda!

LA PONCIA: La vieja. ¿Está bien cerrada?

CRIADA: Con dos vueltas de llave.

LA PONCIA: Pero debes poner también la tranca. Tiene unos dedos como cinco ganzúas.

VOZ: ¡Bernarda!

LA PONCIA: *(a voces.)* ¡Ya viene! *(A la criada.)* Limpia bien todo. Si Bernarda no ve relucientes las cosas me arrancará los pocos pelos que me quedan.

CRIADA: ¡Qué mujer!

LA PONCIA: Tirana de todos los que la rodean. Es capaz de sentarse encima de tu corazón y ver cómo te mueres durante un año sin que se le cierre esa sonrisa fría que lleva en su maldita cara. ¡Limpia, limpia ese vidriado!

CRIADA: Sangre en las manos tengo de fregarlo todo.

---

2 **mandón** *despect* up a la que le gusta mandar, decir lo que hay que hacer –
2 **dominanta** *vulg* forma femenina gramaticalmente incorrecta del adjetivo **dominante** para up autoritaria que quiere dominar a las demás – 3 **fastidiar** molestar, enfadar –
3 **una orza** vasija de barro para guardar conserva (Tonkrug) – 4 **ansioso** con ansia, muchas ganas, gran deseo – 6 **un puñado** cantidad que puede contener la mano cerrada o puño – 6 **un garbanzo** tipo de legumbre (Kichererbse) – 11 **una tranca** madero que se pone para mayor seguridad detrás de una puerta, de forma que no pueda abrirse – 12 **una ganzúa** uc larga para abrir una cerradura sin llave (Dietrich) –
14 **a voces** a gritos, en voz alta – 15 **reluciente** que emite o refleja luz, que brilla –
15 **arrancar** sacar con violencia, quitar tirando fuerte – 18 **un tirano** up que tiene todo el poder y se aprovecha de ello, decide exclusivamente lo que se hace – 18 **rodear** estar alrededor; *fig* cerca, de su círculo íntimo – 18 **capaz** *fig* con talento, disposición, ánimo para hacer uc – 21 **maldito** perverso, odioso, malo; *fam* molesto – 21 **un vidriado** platos y piezas para el servicio de mesa, vajilla – 22 **fregar** limpiar uc frotando con un trapo

LA PONCIA: Ella, la más aseada; ella, la más decente; ella, la más alta. ¡Buen descanso ganó su pobre marido!

(Cesan las campanas.)

CRIADA: ¿Han venido todos sus parientes?

5 LA PONCIA: Los de ella. La gente de él la odia. Vinieron a verlo muerto y le hicieron la cruz.

CRIADA: ¿Hay bastantes sillas?

LA PONCIA: Sobran. Que se sienten en el suelo. Desde que murió el padre de Bernarda no han vuelto a entrar las gentes
10 bajo estos techos. Ella no quiere que la vean en su dominio. ¡Maldita sea!

CRIADA: Contigo se portó bien.

LA PONCIA: Treinta años lavando sus sábanas; treinta años comiendo sus sobras; noches en vela cuando tose; días
15 enteros mirando por la rendija para espiar a los vecinos y llevarle el cuento; vida sin secretos una con otra, y sin embargo, ¡maldita sea! ¡Mal dolor de clavo le pinche en los ojos!

CRIADA: ¡Mujer!

20 LA PONCIA: Pero yo soy buena perra; ladro cuando me lo dicen y muerdo los talones de los que piden limosna cuando ella me azuza; mis hijos trabajan en sus tierras y ya están los dos casados, pero un día me hartaré.

CRIADA: Y ese día …

---

1 **aseado** limpio, que cuida la higiene personal – 3 **cesar** terminar, parar, acabar – 4 **un pariente** familiar, miembro de la familia – 6 **hacerle la cruz a up** *loc coloq* para expresar que up se quiere librar de otra, dar fin a su relación con ella – 7 **bastante** que basta, es suficiente – 8 **sobrar** haber más de lo que se necesita, ser más que suficiente – 12 **portarse** actuar, comportarse de una forma determinada – 13 **una sábana** tejido ligero que se pone en la cama y la cubre – 14 **una sobra** resto (de comida) – 14 **en vela** *loc* sin dormir, despierto – 14 **toser** husten – 15 **una rendija** espacio estrecho por donde puede entrar luz – 16 **un cuento** *coloq fig* mentira o anécdota que se cuenta – 17 **¡Mal dolor de clavo!** *and expresión* por la que se desea un dolor, mal a up; maldición – 17 **un clavo** Nagel – 17 **pinchar** picar, clavar – 20 **ser buen perro** *fig aquí:* hacer up lo que le dicen (especialmente el jefe) – 20 **ladrar** sonido que produce un perro cuando está nervioso, para llamar la atención o dar miedo – 21 **un talón** parte posterior del pie (Ferse) – 21 **una limosna** ayuda que se da a up que lo necesita, caridad – 22 **azuzar** animar, estimular – 23 **hartarse** estar harto, no soportar más a up o situación

LA PONCIA: Ese día me encerraré con ella en un cuarto y le estaré escupiendo un año entero. «Bernarda, por esto, por aquello, por lo otro», hasta ponerla como un lagarto machacado por los niños, que es lo que es ella y toda su

5 parentela. Claro es que no le envidio la vida. Le quedan cinco mujeres, cinco hijas feas, que quitando Angustias, la mayor, que es la hija del primer marido y tiene dineros, las demás, mucha puntilla bordada, muchas camisas de hilo, pero pan y uvas por toda herencia.

10 CRIADA: ¡Ya quisiera tener yo lo que ellas!

LA PONCIA: Nosotras tenemos nuestras manos y un hoyo en la tierra de la verdad.

CRIADA: Esa es la única tierra que nos dejan a las que no tenemos nada.

15 LA PONCIA: *(en la alacena.)* Este cristal tiene unas motas.

CRIADA: Ni con jabón ni con bayeta se le quitan.

(Suenan las campanas.)

LA PONCIA: El último responso. Me voy a oírlo. A mí me gusta mucho cómo canta el párroco. En el «Pater Noster» subió,

20 subió la voz que parecía un cántaro de agua llenándose poco a poco; claro es que al final dio un gallo; pero da gloria oírlo. Ahora que nadie como el antiguo sacristán

2 **escupir** echar líquido fuera por la boca – 4 **machacado** aplastado, destruido – 5 **una parentela** parientes, familia – 5 **envidiar** (→ envidia) desear lo que tienen otros – 6 **quitando** para indicar que se hace excepción de un elemento dentro de un grupo, forman parte todos menos aquél – 8 **una puntilla** tipo de tejido. Junto con los materiales siguientes, se toma como símbolo de posición o estatus social. La descripción de los muebles y objetos de la casa de Bernarda Alba corresponden a los de una orgullosa familia campesina de clase media de la época que da mucha importancia a representar o aparentar su condición o, si es posible, una incluso superior – 8 **bordar** tejer haciendo relieve (sticken) – 8 **hilo** ropa de *lino*, más cara y lujosa que otras (Lein) – 9 **pan y uvas** *fig despect* merienda típica de los campesinos pobres; representa gran sencillez, poseer apenas lo justo para vivir – 11 **un hoyo** *aquí:* tumba, espacio bajo la tierra – 12 **la tierra de la verdad** *fig* cementerio; la muerte es el momento serio, verdadero de la decisión sobre la vida futura – 15 **una alacena** armario de cocina – 15 **una mota** mancha pequeña y redonda – 16 **un jabón** detergente o gel para lavar – 16 **una bayeta** trapo para limpiar – 19 **un párroco** clérigo, cura, pastor de una iglesia – 19 **Pater Noster** *latín* Padre nuestro – 20 **un cántaro** vasija, jarra (Krug) – 21 **un gallo** *coloq* nota falsa y gritona al cantar un sonido alto o agudo – 21 **dar gloria** *loc* causar gran placer o satisfacción – 22 **ahora que** pero, sin embargo – 22 **un sacristán** ayudante del párroco o cura; Tronchapinos fue realmente un sacristán de Granada famoso por la fuerza de su voz

Tronchapinos. En la misa de mi madre, que esté en gloria, cantó. Retumbaban las paredes, y cuando decía Amén era como si un lobo hubiese entrado en la iglesia. *(Imitándolo.)* ¡Améé-én! *(Se echa a toser.)*

5   CRIADA: Te vas a hacer el gaznate polvo.

LA PONCIA: ¡Otra cosa hacía polvo yo! *(Sale riendo.) (La criada limpia. Suenan las campanas.)*

CRIADA: *(llevando el canto.)* Tin, tin, tan. Tin, tin, tan. ¡Dios lo haya perdonado!

10 MENDIGA: *(con una niña.)* ¡Alabado sea Dios!

CRIADA: Tin, tin, tan. ¡Que nos espere muchos años! Tin, tin, tan.

MENDIGA: *(fuerte y con cierta irritación.)* ¡Alabado sea Dios!

CRIADA: *(irritada.)* ¡Por siempre!

15 MENDIGA: Vengo por las sobras.

(Cesan las campanas.)

CRIADA: Por la puerta se va a la calle. Las sobras de hoy son para mí.

MENDIGA: Mujer, tú tienes quien te gane. ¡Mi niña y yo
20 estamos solas!

CRIADA: También están solos los perros y viven.

MENDIGA: Siempre me las dan.

---

1 **que en gloria esté** *coloq* se dice después de mencionar a un muerto para desear su felicidad o beatitud en el cielo (correspondiente a la doctrina cristiana) – 2 **retumbar** *fig* hacer mucho ruido, resonar de forma que incluso *tiemblan* (beben) las cosas – 2 **una pared** muro que separa las habitaciones – 3 **un lobo** animal de la misma familia que el perro que vive y caza en grupo; es peligroso para el *ganado* (Vieh) – 3 **imitar** hacer uc de forma parecida a up, con su mismo estilo – 5 **un gaznate** parte superior de la tráquea (en las vías respiratorias) – 5 **hacer polvo** *loc coloq* destruir o deshacer uc por completo – 6 **hacer polvo** *fig* juego de palabras picante, con segunda intención; *coloq vulg* **(echar) un polvo** (tener una) relación sexual – 10 **alabar** admirar, celebrar diciendo cosas muy buenas, favorables – 13 **una irritación** rabia, molestia, enfado

CRIADA: Fuera de aquí. ¿Quién os dijo que entraseis? Ya me habéis dejado los pies señalados. *(Se van. Limpia.)* Suelos barnizados con aceite, alacenas, pedestales, camas de acero, para que traguemos quina las que vivimos en las chozas de
5 tierra con un plato y una cuchara. Ojalá que un día no quedáramos ni uno para contarlo.

(Vuelven a sonar las campanas.)

Sí, sí, ¡vengan clamores! ¡Venga caja con filos dorados y toalla para llevarla! ¡Que lo mismo estarás tú que estaré yo!
10 Fastídíate, Antonio María Benavides, tieso con tu traje de paño y tus botas enterizas. ¡Fastídiate! ¡Ya no volverás a levantarme las enaguas detrás de la puerta de tu corral!

(Por el fondo, de dos en dos, empiezan a entrar mujeres de luto, con pañuelos grandes, faldas y abanicos negros. Entran
15 *lentamente hasta llenar la escena. La criada, rompiendo a gritar.)*

¡Ay Antonio María Benavides, que ya no verás estas paredes ni comerás el pan de esta casa! Yo fui la que más te quiso de las que te sirvieron. *(Tirándose del cabello.)* ¿Y he de vivir yo
20 después de haberte marchado? ¿Y he de vivir?

(Terminan de entrar las doscientas mujeres y aparece Bernarda y sus cinco hijas.)

BERNARDA: *(a la criada.)* ¡Silencio!

CRIADA: *(llorando.)* ¡Bernarda!

2 **señalado** marcado; con señales, manchas – 3 **barnizado** con barniz, líquido para dar brillo (Lackierung) – 3 **un pedestal** base o pie para esculturas, cruces, etc – 3 **acero** metal muy duro (Stahl) – 4 **tragar quina** *loc coloq* soportar algo con disgusto, con enfado – 4 **una choza** casa o construcción pequeña y pobre – 5 **con un plato y una cuchara** *aquí: fig* con sólo lo necesario para vivir (frente al lujo de los otros objetos descritos) – 8 **un clamor** toque de campanas por un muerto; *ant* voz y fama pública – 8 **un filo** *ant* hilo – 8 **dorado** con el color del *oro* (Gold) – 9 **una toalla** lienzo, paño (Tuch) – 10 **tieso** duro, rígido (cadáver) – 11 **un paño** tejido valioso (de lino u otro material) – 11 **enterizo** entero; *aquí*: bota alta para montar a caballo. La ropa descrita corresponde a la de un "señorito" *and* para up de alta posición social, que posee tierras y tiene criados – 12 **una enagua** ropa interior femenina parecida a una falda que se lleva debajo de ésta – 12 **un corral** lugar donde se guarda a los animales – 14 **un pañuelo** tejido o chal que cubre el pelo – 14 **un abanico** instrumento que sirve para darse aire cuando hace calor; se abre formando un semicírculo – 15 **romper a + INF** comenzar a hacer uc bruscamente, de repente – 19 **haber de + INF** tener que + INF – 20 **marchar** irse; *aquí: eufem* morir

BERNARDA: Menos gritos y más obras. Debías haber procurado que todo esto estuviera más limpio para recibir al duelo. Vete. No es este tu lugar.

(La criada se va llorando.)

5   Los pobres son como los animales; parece como si estuvieran hechos de otras sustancias.

MUJER 1ᴬ: Los pobres sienten también sus penas.

BERNARDA: Pero las olvidan delante de un plato de garbanzos.

10 MUCHACHA: *(con timidez.)* Comer es necesario para vivir.

BERNARDA: A tu edad no se habla delante de las personas mayores.

MUJER 1ᴬ: Niña, cállate.

BERNARDA: No he dejado que nadie me dé lecciones.
15 Sentarse.

(Se sientan. Pausa. Fuerte.)

Magdalena, no llores; si quieres llorar te metes debajo de la cama. ¿Me has oído?

MUJER 2ᴬ: *(a BERNARDA.)* ¿Habéis empezado los trabajos en
20 la era?

BERNARDA: Ayer.

MUJER 3ᴬ: Cae el sol como plomo.

MUJER 1ᴬ: Hace años no he conocido calor igual.

(Pausa. Se abanican todas.)

25 BERNARDA: ¿Está hecha la limonada?

---

2 **procurar** preocuparse de que uc se haga, intentarlo – 7 **la pena** tristeza, dolor – 10 **la timidez** cualidad de tímido – 13 **niño** and para referirse con afecto a up que ya ha pasado la niñez – 13 **callar** no hablar, permanecer en silencio – 15 **sentarse** coloq and uso frecuente del infinitivo como imperativo – 16 **fuerte** *aquí:* en voz alta, imperativa, impetuosa – 20 **una era** espacio de tierra limpio y firme para trillar (Dreschboden) – 22 **el plomo** material químico gris muy pesado (Blei) – 23 **hace años** coloq *aquí:* desde hace años – 24 **abanicar** dar aire con el abanico – 25 **una limonada** bebida refrescante con limón

LA PONCIA: Sí, Bernarda. *(Sale con una gran bandeja llena de jarritas blancas, que distribuye.)*

BERNARDA: Dale a los hombres.

LA PONCIA: Ya están tomando en el patio.

5 BERNARDA: Que salgan por donde han entrado. No quiero que pasen por aquí.

MUCHACHA: *(a Angustias.)* Pepe el Romano estaba con los hombres del duelo.

ANGUSTIAS: Allí estaba.

10 BERNARDA: Estaba su madre. Ella ha visto a su madre. A Pepe no lo ha visto ella ni yo.

MUCHACHA: Me pareció …

BERNARDA: Quien sí estaba era el viudo de Darajalí. Muy cerca de tu tía. A ese lo vimos todas.

15 MUJER 2ᴬ: *(aparte, en voz baja.)* ¡Mala, más que mala!

MUJER 3ᴬ: *(lo mismo.)* ¡Lengua de cuchillo!

BERNARDA: Las mujeres en la iglesia no deben de mirar más hombre que al oficiante, y ese porque tiene faldas. Volver la cabeza es buscar el calor de la pana.

20 MUJER 1ᴬ: *(en voz baja.)* ¡Vieja lagarta recocida!

LA PONCIA: *(entre dientes.)* ¡Sarmentosa por calentura de varón!

---

1 **una bandeja** objeto plano donde se sirven comidas o bebidas, que permite llevarlas de un lugar a otro – 2 **distribuir** repartir – 7 **Pepe el Romano** inspirado en un personaje real que apareció en los periódicos, Pepe de Romilla. A los habitantes de Romilla (pequeña Roma), localidad de la provincia de Granada, se los llamaba "romanos" – 13 **un viudo** marido cuya mujer ha muerto – 15 **aparte** *en el teatro* expresa que lo que dice un personaje como hablando para sí o dirigiéndose a otro personaje lo oye el público y aquél a quien se dirige, pero no todos los demás personajes – 18 **un oficiante** sacerdote que celebra u oficia la liturgia de la misa – 19 **la pana** Kord, tejido con el que habitualmente vestían los hombres; **buscar el calor de la pana** *fig* querer tener cercanía, proximidad, contacto íntimo con hombres – 20 **lagarta recocida** *fig* metáfora que sirve de insulto; *aprox* lista por su rabia, odio y experiencias vividas, además de *arrugada* (runzelig), desgastada (por vieja) – 21 **(decir uc) entre dientes** *loc coloq* hablar de modo que no se entienda lo que dice, hablar bajo, murmurar – 21 **sarmentosa por calentura de varón** *fig* expresa por comparación que está seca, arrugada, curvada como el sarmiento (Rebe) por deseo sexual insatisfecho

BERNARDA: ¡Alabado sea Dios!

TODAS: *(santiguándose.)* Sea por siempre bendito y alabado.

BERNARDA: ¡Descansa en paz con la santa compaña de cabecera!

5 TODAS: ¡Descansa en paz!

BERNARDA: Con el ángel San Miguel y su espada justiciera.

TODAS: ¡Descansa en paz!

10 BERNARDA: Con la llave que todo lo abre y la mano que todo lo cierra.

TODAS: ¡Descansa en paz!

BERNARDA: Con los bienaventurados y las lucecitas del
15 campo.

TODAS: ¡Descansa en paz!

BERNARDA: Con nuestra santa caridad y las almas de tierra y mar.

20 TODAS: ¡Descansa en paz!

BERNARDA: Concede el reposo a tu siervo Antonio María Benavides y dale la corona de tu santa gloria.

25 TODAS: Amén.

---

2 **santigüar** hacer la señal de la cruz en la frente – 2 **bendito** santo, feliz, bienaventurado – 3 **la santa compaña** procesión de muertos o almas en pena que visitan a up que está muriendo para que los acompañe. Mezcla de creencias populares y cristianas que sigue a continuación – 4 **una cabecera** parte de la cama donde se pone la cabeza – 7 **una espada** cuchillo largo, daga – 7 **justiciero** que hace justicia, es justo; con esos atributos defiende San Miguel las puertas del Paraíso – 10 **la llave** llave del Paraíso en referencia a San Pedro, que la tiene – 10 **la mano que todo lo cierra** mano, libertad y poder absoluto de Dios – 14 **un bienaventurado** *rel* up feliz en el Cielo, que disfruta con Dios – 14 **la luz del campo** *dim* se refiere a insectos que producen luz, como la *luciérnaga* (Glühwürmchen) – 18 **la caridad** amor cristiano por los demás como hijos de Dios (*en latín* "caritas") – 22 **conceder** ofrecer, dar – 22 **un reposo** descanso (eterno) – 22 **un siervo (de Dios)** up devota que sirve a Dios y sigue sus indicaciones – 23 **una corona** uc que se ponen en la cabeza los reyes como símbolo de poder; *aquí: fig* aureola

BERNARDA: *(se pone en pie y canta.)* «Requiem aeternam donat eis Domine.»

TODAS: *(de pie y cantando al modo gregoriano.)* «Et lux perpetua luceat eis.» *(Se santiguan.)*

5 MUJER 1ª: Salud para rogar por su alma. *(Van desfilando.)*

MUJER 3ª: No te faltará la hogaza de pan caliente.

MUJER 2ª: Ni el techo para tus hijas. *(Van desfilando todas por delante de Bernarda y saliendo.)*

(Sale Angustias por otra puerta que da al patio.)

10 MUJER 4ª: El mismo trigo de tu casamiento lo sigas disfrutando.

LA PONCIA: *(entrando con una bolsa.)* De parte de los hombres esta bolsa de dineros para responsos.

BERNARDA: Dales las gracias y échales una copa de
15 aguardiente.

MUCHACHA: *(a MAGDALENA.)* Magdalena …

BERNARDA: *(a Magdalena, que inicia el llanto.)* Chiss. *(Salen todas. A las que se han ido.)*

¡Andar a vuestras casas a criticar todo lo que habéis visto!
20 ¡Ojalá tardéis muchos años en pasar el arco de mi puerta!

LA PONCIA: No tendrás queja ninguna. Ha venido todo el pueblo.

---

1 **requiem aeternam donat eis Domine** *latín* dale, Señor, descanso eterno – 3 **el canto gregoriano** coro de la liturgia cristiana con notas de igual y uniforme figura, con la misma medida de tiempo – 3 **et lux perpetua luceat eis** *latín* y brille para ellos la luz eterna – 5 **rogar** pedir con humildad – 5 **desfilar** ir en fila, como en procesión – 6 **una hogaza** pan grande con harina que contiene cáscara del trigo – 7 **un techo** cubre la parte superior de una habitación; *aquí: fig* hogar, casa, refugio – 10 **el trigo** *fig* producto, resultado – 10 **un casamiento** boda, ceremonia o acto de convertirse dos personas en matrimonio – 13 **el dinero para responsos** costumbre tradicional de dar dinero para celebrar misas en su nombre – 15 **un aguardiente** bebida alcohólica de alta graduación que se saca por destilación del vino y otras sustancias – 17 **un llanto** lloro que expresa queja o lamento – 17 **chis** *interj* para exigir silencio – 19 **andar** *aquí:* ir – 20 **tardar** pasar o necesitar tiempo para hacer uc – 20 **un arco** *aquí:* entrada

BERNARDA: Sí; para llenar mi casa con el sudor de sus refajos y el veneno de sus lenguas.

AMELIA: ¡Madre, no hable usted así!

BERNARDA: Es así como se tiene que hablar en este maldito
5 pueblo sin río, pueblo de pozos, donde siempre se bebe el agua con el miedo de que esté envenenada.

LA PONCIA: ¡Cómo han puesto la solería!

BERNARDA: Igual que si hubiese pasado por ella una manada de cabras.

10 *(LA PONCIA limpia el suelo.)*

Niña, dame el abanico.

ADELA: Tome usted. *(Le da un abanico redondo con flores rojas y verdes.)*

BERNARDA: *(arrojando el abanico al suelo.)* ¿Es este el
15 abanico que se da a una viuda? Dame uno negro y aprende a respetar el luto de tu padre.

MARTIRIO: Tome usted el mío.

BERNARDA: ¿Y tú?

MARTIRIO: Yo no tengo calor.

20 BERNARDA: Pues busca otro, que te hará falta. En ocho años que dure el luto no ha de entrar en esta casa el viento de la calle. Hacemos cuenta que hemos tapiado con ladrillos puertas y ventanas. Así pasó en casa de mi padre y en casa de mi abuelo. Mientras, podéis empezar a bordar el ajuar. En

---

1 **el sudor** líquido de la piel que surge por efecto del calor del cuerpo – 1 **un refajo** *ant* falda interior que se llevaba por debajo de las faldas para proteger del frío; podía ponerse encima de las enaguas – 2 **un veneno** sustancia química que daña la salud – 5 **un pozo** espacio profundo de donde se saca agua debajo de la tierra; el agua tiene valor simbólico en el texto (*aquí:* oculta y que no corre, no se mueve) – 6 **envenenado** con veneno – 7 **poner** *coloq aquí:* cambiar de estado uc, convertir en algo diferente (como resultado) – 7 **una solería** material con que está cubierto un suelo – 8 **una manada** grupo de animales – 9 **una cabra** Ziege – 14 **arrojar** tirar con fuerza – 22 **hacer cuenta** *loc* imaginarse, dar por supuesto – 22 **tapiar** cerrar con un muro o tapia – 22 **un ladrillo** material duro, generalmente hecho de barro, para construir edificios – 24 **un ajuar** ropa, objetos para el hogar, muebles, etc con los que tradicionalmente participaba la mujer en el matrimonio (Aussteuer)

el arca tengo veinte piezas de hilo con el que podréis cortar
sábanas y embozos. Magdalena puede bordarlas.

MAGDALENA: Lo mismo me da.

ADELA: *(agria.)* Si no quieres bordarlas, irán sin bordados. Así
5   las tuyas lucirán más.

MAGDALENA: Ni las mías ni las vuestras. Sé que yo no me voy
a casar. Prefiero llevar sacos al molino. Todo menos estar
sentada días y días dentro de esta sala oscura.

BERNARDA: Eso tiene ser mujer.

10 MAGDALENA: Malditas sean las mujeres.

BERNARDA: Aquí se hace lo que yo mando. Ya no puedes ir
con el cuento a tu padre. Hilo y aguja para las hembras.
Látigo y mula para el varón. Eso tiene la gente que nace con
posibles.

15 *(Sale* ADELA.*)*

VOZ: ¡Bernarda! ¡Déjame salir!

BERNARDA: *(en voz alta.)* ¡Dejadla ya!

(Sale LA CRIADA.*)*

CRIADA: Me ha costado mucho sujetarla. A pesar de sus
20 ochenta años, tu madre es fuerte como un roble.

BERNARDA: Tiene a quién parecerse. Mi abuelo fue igual.

CRIADA: Tuve durante el duelo que taparle varias veces la
boca con un costal vacío porque quería llamarte para que le

---

1 **un arca** objeto para guardar cosas (Truhe) – 2 **un embozo** parte doblada de la sábana
superior que toca el rostro y sirve de ornamento – 4 **agrio** con carácter desagradable,
antipático; enfadado – 5 **lucir** destacar, brillar – 7 **un molino** máquina para apretar,
prensar trigo u otros cereales (Mühle). Escenario tradicional de encuentros sexuales –
9 **tener** *aquí:* significar, contener, comprender; traer consigo – 12 **una aguja** Nadel;
expresa que las mujeres tienen que estar en casa, cuidar del hogar – 12 **una hembra** *en
los animales* de sexo femenino; ≠ macho – 13 **un látigo** objeto para golpear y animar a
los caballos (Peitsche) – 13 **una mula** Maultier; los atributos de los hombres expresan
el trabajo duro y mandar sobre otros – 14 **posibles** *pl* bienes, renta, hacienda que tiene
up – 19 **costar** causar, costar gran esfuerzo conseguir uc – 20 **un roble** árbol ancho y
fuerte (Eiche) – 22 **tapar** cubrir, cerrar – 23 **un costal** saco para guardar cereales u otras
cosas

dieras agua de fregar siquiera para beber, y carne de perro, que es lo que ella dice que tú le das.

MARTIRIO: ¡Tiene mala intención!

BERNARDA: (*a* LA CRIADA.) Dejadla que se desahogue en el patio.

CRIADA: Ha sacado del cofre sus anillos y los pendientes de amatista; se los ha puesto, y me ha dicho que se quiere casar.

(*Las hijas ríen.*)

BERNARDA: Ve con ella y ten cuidado que no se acerque al pozo.

CRIADA: No tengas miedo que se tire.

BERNARDA: No es por eso ... Pero desde aquel sitio las vecinas pueden verla desde su ventana.

(*Sale* LA CRIADA.)

MARTIRIO: Nos vamos a cambiar de ropa.

BERNARDA: Sí, pero no el pañuelo de la cabeza.

(*Entra* ADELA.)

¿Y Angustias?

ADELA: (*con intención.*) La he visto asomada a las rendijas del portón. Los hombres se acaban de ir.

BERNARDA: ¿Y tú a qué fuiste también al portón?

ADELA: Me llegué a ver si habían puesto las gallinas.

BERNARDA: ¡Pero el duelo de los hombres habría salido ya!

---

1 **fregar** limpiar, lavar – 1 **siquiera** por lo menos, tan sólo – 4 **desahogar** liberar una pasión o preocupación que intranquilizaba – 6 **un cofre** arca, caja para guardar objetos de valor (Truhe) – 6 **un anillo** adorno que se pone en el dedo (Ring) – 7 **una amatista** cuarzo de color violeta (Amethyst) – 12 **no tengas miedo que...** *coloq* no tengas miedo **de** que se tire – 20 **asomar** sacar una parte del cuerpo por una ventana, puerta, etc – 21 **un portón** puerta grande que separa el portal del resto de la casa – 23 **poner** poner huevos – 23 **una gallina** Huhn

ADELA: *(con intención.)* Todavía estaba un grupo parado por fuera.

BERNARDA: *(furiosa.)* ¡Angustias! ¡Angustias!

ANGUSTIAS: *(entrando.)* ¿Qué manda usted?

5 BERNARDA: ¿Qué mirabas y a quién?

ANGUSTIAS: A nadie.

BERNARDA: ¿Es decente que una mujer de tu clase vaya con el anzuelo detrás de un hombre el día de la misa de su padre? ¡Contesta! ¿A quién mirabas?

10 *(Pausa.)*

ANGUSTIAS: Yo ...

BERNARDA: ¡Tú!

ANGUSTIAS: ¡A nadie!

BERNARDA: *(avanzando y golpeándola.)* ¡Suave! ¡Dulzarrona!

15 LA PONCIA: *(corriendo.)* ¡Bernarda, cálmate! *(La sujeta.)* *(Angustias llora.)*

BERNARDA: ¡Fuera de aquí todas!

(Salen.)

LA PONCIA: Ella lo ha hecho sin dar alcance a lo que hacía,
20 que está francamente mal. Ya me chocó a mí verla escabullirse hacia el patio. Luego estuvo detrás de una ventana oyendo la conversación que traían los hombres, que, como siempre, no se puede oír.

BERNARDA: A eso vienen a los duelos. *(Con curiosidad.)* ¿De
25 qué hablaban?

---

3 **furioso** con furia, rabia, enfado – 8 **un anzuelo** *fig* instrumento para coger, pescar peces (Angelhaken) – 14 **suave** *despect fig* fácil con los hombres; *and* up falsa, que parece tímida o desinteresada, pero busca siempre su provecho y consigue lo que quiere – 14 **dulce** *aum fig despect* lascivo, que busca y ofrece placer – 15 **calmar** tranquilizar – 19 **dar alcance** *aquí*: darse cuenta de las consecuencias, importancia de uc – 20 **francamente** real, abierta, sinceramente – 20 **chocar** parecer raro, sorprender, llamar la atención – 21 **escabullirse** irse, desaparecer escondidamente – 24 **la curiosidad** ser curioso

LA PONCIA: Hablaban de Paca la Roseta. Anoche ataron a su marido a un pesebre y a ella se la llevaron en la grupa del caballo hasta lo alto del olivar.

BERNARDA: ¿Y ella?

5 LA PONCIA: Ella, tan conforme. Dicen que iba con los pechos fuera y Maximiliano la llevaba cogida como si tocara la guitarra. ¡Un horror!

BERNARDA: ¿Y qué pasó?

LA PONCIA: Lo que tenía que pasar. Volvieron casi de día. 10 Paca la Roseta traía el pelo suelto y una corona de flores en la cabeza.

BERNARDA: Es la única mujer mala que tenemos en el pueblo.

LA PONCIA: Porque no es de aquí. Es de muy lejos. Y los que fueron con ella son también hijos de forasteros. Los 15 hombres de aquí no son capaces de eso.

BERNARDA: No; pero les gusta verlo y comentarlo y se chupan los dedos de que esto ocurra.

LA PONCIA: Contaban muchas cosas más.

BERNARDA: *(mirando a un lado y otro con cierto temor.)* 20 ¿Cuáles?

LA PONCIA: Me da vergüenza referirlas.

BERNARDA: ¿Y mi hija las oyó?

LA PONCIA: ¡Claro!

---

1 **una roseta** *and* trampa o engaño para cazar pájaros; el sobrenombre o alias de Paca viene de ahí – 1 **atar** unir up a uc sin permitir que pueda liberarse – 2 **un pesebre** lugar donde se echa comida a los animales – 2 **una grupa** parte del cuerpo de un caballo sobre la que se monta – 3 **un olivar** lugar donde hay olivos (árbol) – 5 **conforme** de acuerdo, a gusto – 10 **soltar** ≠ sujetar, unir; *ant* no estaba bien visto que las mujeres decentes llevaran el pelo así – 14 **un forastero** extranjero, up de fuera – 15 **ser up capaz de uc** *loc* estar dispuesto, animarse a hacer uc arriesgada – 16 **chuparse los dedos** *loc coloq* sentir gran placer con uc – 17 **ocurrir** pasar, suceder – 19 **el temor** miedo, acción de temer uc – 21 **referir** contar

BERNARDA: Esa sale a sus tías; blancas y untuosas y que ponían los ojos de carnero al piropo de cualquier barberillo. ¡Cuánto hay que sufrir y luchar para hacer que las personas sean decentes y no tiren al monte demasiado!

5 LA PONCIA: ¡Es que tus hijas están ya en edad de merecer! Demasiado poca guerra te dan. Angustias ya debe tener mucho más de los treinta.

BERNARDA: Treinta y nueve justos.

LA PONCIA: Figúrate. Y no ha tenido nunca novio …

10 BERNARDA: *(furiosa.)* ¡No ha tenido novio ninguna ni les hace falta! Pueden pasarse muy bien.

LA PONCIA: No he querido ofenderte.

BERNARDA: No hay en cien leguas a la redonda quien se pueda acercar a ellas. Los hombres de aquí no son de su

15 clase. ¿Es que quieres que las entregue a cualquier gañán?

LA PONCIA: Debías haberte ido a otro pueblo.

BERNARDA: Eso. ¡A venderlas!

LA PONCIA: No, Bernarda, a cambiar … Claro que en otros sitios ellas resultan las pobres.

20 BERNARDA: ¡Calla esa lengua atormentadora!

LA PONCIA: Contigo no se puede hablar. ¿Tenemos o no tenemos confianza?

---

1 **salir a up** parecerse – 1 **blanco** tono de piel símbolo de belleza y posición social para una mujer en la época; la hace *deseable* (begehrenswert) – 1 **untuoso** *despect* excesivamente afectado, con falsa dulzura o amabilidad; *fig* que se junta a los hombres – 2 **(poner) ojos de carnero** *pl loc coloq* expresión triste que puede tener como objetivo conseguir uc de up – 2 **un piropo** galanteo, cumplido que se dice a up para admirar o celebrar su belleza – 2 **un barbero** *dim despect* up que corta y cuida las barbas; *aquí:* up poco importante, insignificante; eran famosos por su galantería con las mujeres – 4 **la cabra (siempre) tira al monte** *refr* up hace lo que es su impulso natural aunque se le enseñe otra cosa o simule ser diferente – 5 **la edad de merecer** periodo en que los jóvenes buscan mujer o marido – 6 **dar guerra** *loc coloq* molestar creando complicaciones, dificultades – 9 **figurar** imaginar – 12 **ofender** dañar el orgullo u honor de up – 13 **una legua** medida del camino que se anda regularmente en una hora (5572,7 metros) – 13 **a la redonda** alrededor – 15 **un gañán** hombre rudo, ordinario, que trabaja en la agricultura – 19 **resultar** producir un efecto o resultado – 20 **atormentador** que produce tortura, tormento – 22 **la confianza** intimidad, familiaridad en las relaciones con up por confiar en ella

BERNARDA: No tenemos. Me sirves y te pago. ¡Nada más!

CRIADA: *(entrando.)* Ahí está don Arturo, que viene a arreglar las particiones.

BERNARDA: Vamos. *(A LA CRIADA.)* Tú empieza a blanquear
5   el patio. *(A LA PONCIA.)* Y tú ve guardando en el arca grande toda la ropa del muerto.

LA PONCIA: Algunas cosas las podíamos dar.

BERNARDA: Nada, ¡ni un botón! Ni el pañuelo con que le hemos tapado la cara. *(Sale lentamente y al salir vuelve la*
10   *cabeza y mira a sus* CRIADAS.*)*

(Las CRIADAS *salen después. Entran* AMELIA *y* MARTIRIO.*)*

AMELIA: ¿Has tomado la medicina?

MARTIRIO: ¡Para lo que me va a servir!

AMELIA: Pero la has tomado.

15   MARTIRIO: Yo hago las cosas sin fe, pero como un reloj.

AMELIA: Desde que vino el médico nuevo estás más animada.

MARTIRIO: Yo me siento lo mismo.

AMELIA: ¿Te fijaste? Adelaida no estuvo en el duelo.

MARTIRIO: Ya lo sabía. Su novio no la deja salir ni al tranco de
20   la calle. Antes era alegre; ahora ni polvos se echa en la cara.

AMELIA: Ya no sabe una si es mejor tener novio o no.

MARTIRIO: Es lo mismo.

AMELIA: De todo tiene la culpa esta crítica que no nos deja vivir. Adelaida habrá pasado mal rato.

25   MARTIRIO: Le tiene miedo a nuestra madre. Es la única que conoce la historia de su padre y el origen de sus tierras.

---

3 **una partición** *aquí:* reparto de la herencia (bienes de un familiar que se reciben) –
4 **blanquear** poner uc blanca; *aquí:* echar cal con agua – 8 **un botón** objeto unido con
hilos que sirve para cerrar camisas, chaquetas, etc – 15 **la fe** creer o confiar en uc o
up – 15 **como un reloj** *loc coloq* puntualmente, sin falta – 19 **un tranco** entrada, portal –
20 **un polvo** *pl* producto cosmético de diferentes colores para el maquillaje

Siempre que viene le tira puñaladas en el asunto. Su padre mató en Cuba al marido de su primera mujer para casarse con ella. Luego aquí la abandonó y se fue con otra que tenía una hija y luego tuvo relaciones con esta muchacha, la
5 madre de Adelaida, y se casó con ella después de haber muerto loca la segunda mujer.

AMELIA: Y ese infame, ¿por qué no está en la cárcel?

MARTIRIO: Porque los hombres se tapan unos a otros las cosas de esta índole y nadie es capaz de delatar.

10 AMELIA: Pero Adelaida no tiene culpa de esto.

MARTIRIO: No. Pero las cosas se repiten. Y veo que todo es una terrible repetición. Y ella tiene el mismo sino de su madre y de su abuela, mujeres las dos del que la engendró.

AMELIA: ¡Qué cosa más grande!

15 MARTIRIO: Es preferible no ver a un hombre nunca. Desde niña les tuve miedo. Los veía en el corral uncir los bueyes y levantar los costales de trigo entre voces y zapatazos y siempre tuve miedo de crecer por temor de encontrarme de pronto abrazada por ellos. Dios me ha hecho débil y fea y los
20 ha apartado definitivamente de mí.

AMELIA: ¡Eso no digas! Enrique Humanas estuvo detrás de ti y le gustabas.

MARTIRIO: ¡Invenciones de la gente! Una vez estuve en camisa detrás de la ventana hasta que fue de día porque me
25 avisó con la hija de su gañán que iba a venir y no vino. Fue

---

1 **tirar** *fig* cuando aparece antes de un daño corporal (aquí, puñalada), producirlo o realizarlo – 1 **una puñalada** *fig* herir mencionando con intención un tema que molesta o hace daño, "pinchar" – 7 **infame** *up* mala, perversa, de mala fama – 9 **una índole** tipo, naturaleza, género – 9 **delatar** denunciar, descubrir la culpa de *up* al declarar un hecho a la autoridad – 12 **el sino** destino – 13 **engendrar** dar vida – 15 **preferible** mejor, que se prefiere de forma natural – 16 **uncir** sujetar o unir animales (mulas, etc) al *yugo* (Joch) – 16 **un buey** Ochse – 17 **un zapatazo** *coloq* golpe y ruido de zapatos – 19 **débil** ǂ fuerte – 20 **apartar** alejar; ǂ acercar – 20 **definitivamente** finalmente, por fin, decididamente – 21 **estar detrás de** *up loc coloq* pretender el amor de *up* – 23 **una invención** *uc* que se inventa – 24 **una camisa** camisa de dormir, interior (que normalmente no se ve) – 25 **avisar** advertir de *uc* antes de que ocurra

todo cosa de lenguas. Luego se casó con otra que tenía más que yo.

AMELIA: ¡Y fea como un demonio!

MARTIRIO: ¡Qué les importa a ellos la fealdad! A ellos les importa la tierra, las yuntas, y una perra sumisa que les dé de comer.

AMELIA: ¡Ay!

(Entra MAGDALENA.)

MAGDALENA: ¿Qué hacéis?

MARTIRIO: Aquí.

AMELIA: ¿Y tú?

MAGDALENA: Vengo de correr las cámaras. Por andar un poco. De ver los cuadros bordados de cañamazo de nuestra abuela, el perrito de lanas y el negro luchando con el león, que tanto nos gustaba de niñas. Aquella era una época más alegre. Una boda duraba diez días y no se usaban las malas lenguas. Hoy hay más finura, las novias se ponen de velo blanco como en las poblaciones y se bebe vino de botella, pero nos pudrimos por el qué dirán.

MARTIRIO: ¡Sabe Dios lo que entonces pasaría!

AMELIA: *(a MAGDALENA.)* Llevas desabrochados los cordones de un zapato.

MAGDALENA: ¡Qué más da!

1 **una lengua** *aquí: fig* comentario, crítica de la gente – 3 **un demonio** *fig* diablo, monstruo – 5 **una yunta** par de animales para el trabajo en el campo (bueyes, mulas, etc) – 5 **sumiso** humilde, devoto, esclavo – 10 **aquí** *coloq* nada especial, pasando el rato *(demuestra falta de interés o aburrimiento)* – 12 **correr** recorrer, pasar – 13 **un cañamazo** tejido rudo de *cáñamo* (Hanf) – 14 **un perro de lanas** *dim* Pudel – 16 **usarse** estar de moda; tener por costumbre – 17 **la finura** elegancia, delicadeza (a continuación se nombran costumbres que ejemplifican ese carácter) – 17 **un velo** pañuelo que cubre ligeramente la cara – 19 **pudrir** destruirse uc por el paso del tiempo – 19 **el qué dirán** *expresión* indica preocupación por la opinión pública reflejada en los comentarios; puede tener por efecto que la gente no haga lo que quisiera o lo disimule – 20 **sabe Dios** *expresión* manifiesta inseguridad o ignorancia sobre el tema del que se habla – 21 **desabrochado** sin cerrar, sujetar – 22 **un cordón** hilo con que se cierran normalmente los zapatos – 23 **qué más da** da igual, es lo mismo *(señala indiferencia, resignación)*

AMELIA: Te los vas a pisar y te vas a caer.

MAGDALENA: ¡Una menos!

MARTIRIO: ¿Y Adela?

MAGDALENA: ¡Ah! Se ha puesto el traje verde que se hizo para
5   estrenar el día de su cumpleaños, se ha ido al corral, y ha
comenzado a voces: «¡Gallinas! ¡Gallinas, miradme!» ¡Me he
tenido que reír!

AMELIA: ¡Si la hubiera visto madre!

MAGDALENA: ¡Pobrecilla! Es la más joven de nosotras y tiene
10   ilusión. Daría algo por verla feliz. *(Pausa.* ANGUSTIAS *cruza
la escena con unas toallas en la mano.)*

ANGUSTIAS: ¿Qué hora es?

MAGDALENA: Ya deben ser las doce.

ANGUSTIAS: ¿Tanto?

15 AMELIA: Estarán al caer.

    (Sale ANGUSTIAS*.)*

MAGDALENA: *(con intención.)* ¿Sabéis ya la cosa? *(Señalando
a* ANGUSTIAS*.)*

AMELIA: No.

20 MAGDALENA: ¡Vamos!

MARTIRIO: No sé a qué cosa te refieres …

MAGDALENA: Mejor que yo lo sabéis las dos. Siempre cabeza
con cabeza como dos ovejitas, pero sin desahogarse con
nadie. ¡Lo de Pepe el Romano!

25 MARTIRIO: ¡Ah!

---

1 **pisar** poner el pie sobre uc o up – 4 **¡Ah!** *interj aquí:* expresa que se recuerda uc –
5 **estrenar** usar uc por primera vez – 15 **estar al caer** *loc* a punto de llegar; próximo a
ocurrir – 20 **vamos** *coloq* ¡venga! ¡anda! – 23 **una ovejita** *dim* **oveja** (Schaf)

MAGDALENA: *(remedándola.)* ¡Ah! Ya se comenta por el pueblo. Pepe el Romano viene a casarse con Angustias. Anoche estuvo rondando la casa y creo que pronto va a mandar un emisario.

5 MARTIRIO: Yo me alegro. Es buen mozo.

AMELIA: Yo también. Angustias tiene buenas condiciones.

MAGDALENA: Ninguna de las dos os alegráis.

MARTIRIO: ¡Magdalena! ¡Mujer!

MAGDALENA: Si viniera por el tipo de Angustias, por
10 Angustias como mujer, yo me alegraría; pero viene por el dinero. Aunque Angustias es nuestra hermana, aquí estamos en familia y reconocemos que está vieja, enfermiza, y que siempre ha sido la que ha tenido menos méritos de todas nosotras. Porque si con veinte años parecía un palo vestido,
15 ¡qué será ahora que tiene cuarenta!

MARTIRIO: No hables así. La suerte viene a quien menos la aguarda.

AMELIA: ¡Después de todo dice la verdad! ¡Angustias tiene todo el dinero de su padre, es la única rica de la casa y por
20 eso ahora que nuestro padre ha muerto y ya se harán particiones viene por ella!

MAGDALENA: Pepe el Romano tiene veinticinco años y es el mejor tipo de todos estos contornos. Lo natural sería que te pretendiera a ti, Amelia, o a nuestra Adela, que tiene veinte
25 años, pero no que venga a buscar lo más oscuro de esta casa, a una mujer que, como su padre, habla con las narices.

MARTIRIO: ¡Puede que a él le guste!

---

1 **remedar** parodiar, reír de up imitándola − 3 **rondar** estar alrededor, pasear un joven por donde vive una mujer a quien galantea − 4 **un emisario** mensajero − 5 **un buen mozo** joven alto y de atractiva presencia − 8 **¡mujer!** *llamada de atención, aquí: para tranquilizar;* también se dice "¡hombre!" („Mensch!") − 9 **un tipo** figura, presencia corporal − 12 **enfermizo** de salud frágil, con tendencia a enfermar − 13 **un mérito** valor que hace merecer uc a up − 14 **un palo** *aquí:* recto, sin curvas, sin gracia − 17 **aguardar** esperar − 23 **un tipo** hombre, individuo − 23 **un contorno** territorio del que está rodeada una población − 27 **puede (ser)** quizá, es posible

MAGDALENA: ¡Nunca he podido resistir tu hipocresía!

MARTIRIO: ¡Dios me valga!

(Entra ADELA.*)*

MAGDALENA: ¿Te han visto ya las gallinas?

5 ADELA: ¿Y qué queríais que hiciera?

AMELIA: ¡Si te ve nuestra madre te arrastra del pelo!

ADELA: Tenía mucha ilusión con el vestido. Pensaba ponérmelo el día que vamos a comer sandías a la noria. No hubiera habido otro igual.

10 MARTIRIO: Es un vestido precioso.

ADELA: Y que me está muy bien. Es lo mejor que ha cortado Magdalena.

MAGDALENA: ¿Y las gallinas qué te han dicho?

ADELA: Regalarme unas cuantas pulgas que me han
15 acribillado las piernas.

(Ríen.)

MARTIRIO: Lo que puedes hacer es teñirlo de negro.

MAGDALENA: Lo mejor que puedes hacer es regalárselo a Angustias para la boda con Pepe el Romano.

20 ADELA: *(con emoción contenida.)* Pero Pepe el Romano …

AMELIA: ¿No lo has oído decir?

ADELA: No.

MAGDALENA: ¡Pues ya lo sabes!

ADELA: ¡Pero si no puede ser!

25 MAGDALENA: ¡El dinero lo puede todo!

---

1 **la hipocresía** simular sentimientos o pensamientos contrarios a los que se tienen –
2 **valer** proteger, ayudar – 6 **arrastrar** llevar tirando por el suelo – 8 **una noria** diversión
de fiesta popular en que una gran rueda o mecanismo circular gira sobre sí mismo –
14 **una pulga** Floh – 15 **acribillar** hacer muchas heridas o picaduras – 17 **teñir** cambiar
el color, dar un color a uc encima del que tenía – 20 **contenido** que resiste uc dentro sin
dejarla salir; con medida

ADELA: ¿Por eso ha salido detrás del duelo y estuvo mirando por el portón? *(Pausa.)* Y ese hombre es capaz de …

MAGDALENA: Es capaz de todo.

(Pausa.)

5 MARTIRIO: ¿Qué piensas, Adela?

ADELA: Pienso que este luto me ha cogido en la peor época de mi vida para pasarlo.

MAGDALENA: Ya te acostumbrarás.

ADELA: *(rompiendo a llorar con ira.)* No me acostumbraré. Yo
10 no puedo estar encerrada. No quiero que se me pongan las carnes como a vosotras; no quiero perder mi blancura en estas habitaciones; mañana me pondré mi vestido verde y me echaré a pasear por la calle. ¡Yo quiero salir!

(Entra la CRIADA.*)*

15 MAGDALENA: *(autoritaria.)* ¡Adela!

CRIADA: ¡La pobre! Cuánto ha sentido a su padre … *(Sale.)*

MARTIRIO: ¡Calla!

AMELIA: Lo que sea de una será de todas.

(ADELA se calma.)

20 MAGDALENA: Ha estado a punto de oírte la criada. *(Aparece la* CRIADA.*)*

CRIADA: Pepe el Romano viene por lo alto de la calle.

(AMELIA, MARTIRIO y MAGDALENA corren presurosas.)

MAGDALENA: ¡Vamos a verlo! *(Salen rápidas.)*

25 CRIADA: *(a ADELA.)* ¿Tú no vas?

---

8 **acostumbrarse** aceptar y adquirir, tomar una costumbre – 9 **la ira** furia, rabia, enfado – 10 **encerrado** permanecer en un lugar cerrado sin poder salir – 23 **presuroso** rápido, pronto, veloz

ADELA: No me importa.

CRIADA: Como dará la vuelta a la esquina, desde la ventana de tu cuarto se verá mejor. *(Sale.)*

5 *(ADELA queda en escena dudando; después de un instante se va también rápida hasta su habitación. Salen* BERNARDA *y* LA PONCIA.*)*

BERNARDA: ¡Malditas particiones!

LA PONCIA: ¡Cuánto dinero le queda a Angustias!

BERNARDA: Sí.

10 LA PONCIA: Y a las otras, bastante menos.

BERNARDA: Ya me lo has dicho tres veces y no te he querido replicar. Bastante menos, mucho menos. No me lo recuerdes más.

(Sale ANGUSTIAS *muy compuesta de cara.)*

15 BERNARDA: ¡Angustias!

ANGUSTIAS: Madre.

BERNARDA: ¿Pero has tenido valor de echarte polvos en la cara? ¿Has tenido valor de lavarte la cara el día de la muerte de tu padre?

20 ANGUSTIAS: No era mi padre. El mío murió hace tiempo. ¿Es que ya no lo recuerda usted?

BERNARDA: Más debes a este hombre, padre de tus hermanas, que al tuyo. Gracias a este hombre tienes colmada tu fortuna.

25 ANGUSTIAS: ¡Eso lo teníamos que ver!

BERNARDA: Aunque fuera por decencia. ¡Por respeto!

---

14 **compuesto** arreglado, maquillado con productos cosméticos; serio, equilibrado – 24 **colmado** lleno, cumplido, completo; *fig* satisfechos los deseos – 24 **una fortuna** hacienda, capital, dinero – 26 **la decencia** moralidad; *fig* vergüenza, honor

ANGUSTIAS: Madre, déjeme usted salir.

BERNARDA: ¿Salir? Después de que te hayas quitado esos polvos de la cara. ¡Suavona! ¡Yeyo! ¡Espejo de tus tías! *(Le quita violentamente con un pañuelo los polvos.)* ¡Ahora, vete!

5 LA PONCIA: ¡Bernarda, no seas tan inquisitiva!

BERNARDA: Aunque mi madre esté loca, yo estoy en mis cinco sentidos y sé perfectamente lo que hago. *(Entran todas.)*

MAGDALENA: ¿Qué pasa?

10 BERNARDA: No pasa nada.

MAGDALENA: *(a ANGUSTIAS.)* Si es que discuten por las particiones, tú que eres la más rica te puedes quedar con todo.

ANGUSTIAS: Guárdate la lengua en la madriguera.

15 BERNARDA: *(golpeando en el suelo.)* No os hagáis ilusiones de que vais a poder conmigo. ¡Hasta que salga de esta casa con los pies adelante mandaré en lo mío y en lo vuestro!

(Se oyen unas voces y entra en escena MARÍA JOSEFA, la madre de Bernarda, viejísima, ataviada con flores en la
20 *cabeza y en el pecho.)*

MARÍA JOSEFA: Bernarda, ¿dónde está mi mantilla? Nada de lo que tengo quiero que sea para vosotras. Ni mis anillos ni mi traje negro de «moaré». Porque ninguna de vosotras se va a casar. ¡Ninguna! Bernarda, dame mi gargantilla de perlas.

25 BERNARDA: *(a la CRIADA.)* ¿Por qué la habéis dejado entrar?

---

3 **suave** *aum despect* fácil con los hombres; lascivo; *and* up falsa que aparenta desinterés para satisfacer su egoísmo – 3 **un yeyo** *círculo familiar de Lorca* mujer ridícula, demasiado pintada (con productos cosméticos), especialmente de blanco; puede tener relación con "yayo" *fam infant* abuelo, pero pertenece a un contexto privado – 3 **un espejo** *fig* reflejo, parecido – 5 **inquisitivo** que investiga y exige respuestas para saber exactamente qué hace up – 14 **una madriguera** *fig* cueva donde viven algunos animales; *despect* hacia Magadalena, pues la compara con uno – 17 **con los pies por delante** *loc* muerto, sin vida – 19 **ataviado** compuesto, arreglado, adornado – 21 **una mantilla** pañuelo que cubre la cabeza y los hombros; la llevan las mujeres en fiestas y ceremonias importantes – 23 **un moaré** tejido lujoso (Moiré) – 24 **una gargantilla** collar – 24 **una perla** Perle

CRIADA: *(temblando.)* ¡Se me escapó!

MARÍA JOSEFA: Me escapé porque me quiero casar, porque quiero casarme con un varón hermoso de la orilla del mar, ya que aquí los hombres huyen de las mujeres.

5 BERNARDA: ¡Calle usted, madre!

MARÍA JOSEFA: No, no me callo. No quiero ver a estas mujeres solteras rabiando por la boda, haciéndose polvo el corazón, y yo me quiero ir a mi pueblo. Bernarda, yo quiero un varón para casarme y para tener alegría.

10 BERNARDA: ¡Encerradla!

MARÍA JOSEFA: ¡Déjame salir, Bernarda!

(La CRIADA *coge a* MARÍA JOSEFA.*)*

BERNARDA: ¡Ayudarla vosotras!

(Todas arrastran a la vieja.)

15 MARÍA JOSEFA: ¡Quiero irme de aquí! ¡Bernarda! ¡A casarme a la orilla del mar, a la orilla del mar!

Telón rápido.

---

3 **una orilla** costa, playa – 4 **huir** escapar, irse rápidamente para *evitar* (verhindern) un peligro o molestia

Acto segundo

Habitación blanca del interior de la casa de Bernarda. Las
puertas de la izquierda dan a los dormitorios. Las hijas de
Bernarda están sentadas en sillas bajas cosiendo. Magdalena
5 *borda. Con ellas está* LA PONCIA.

ANGUSTIAS: Ya he cortado la tercera sábana.

MARTIRIO: Le corresponde a Amelia.

MAGDALENA: Angustias. ¿Pongo también las iniciales de
Pepe?

10 ANGUSTIAS: *(seca.)* No.

MAGDALENA: *(a voces.)* Adela, ¿no vienes?

AMELIA: Estará echada en la cama.

LA PONCIA: Esta tiene algo. La encuentro sin sosiego,
temblona, asustada, como si tuviese una lagartija entre los
15 pechos.

MARTIRIO: No tiene ni más ni menos que lo que tenemos
todas.

MAGDALENA: Todas, menos Angustias.

ANGUSTIAS: Yo me encuentro bien, y al que le duela, que
20 reviente.

MAGDALENA: Desde luego hay que reconocer que lo mejor
que has tenido siempre es el talle y la delicadeza.

ANGUSTIAS: Afortunadamente, pronto voy a salir de este
infierno.

25 MAGDALENA: ¡A lo mejor no sales!

MARTIRIO: Dejar esa conversación.

4 **coser** nähen – 8 **una inicial** *pl* letras primeras del nombre y los apellidos de up –
10 **seco** antipático; brusco, lacónico – 12 **echado** acostado, tumbado – 13 **el sosiego** paz,
tranquilidad – 14 **temblón** que tiembla mucho – 14 **como si tuviese una lagartija entre**
los pechos compara el movimiento y nerviosismo que produciría esa situación (*ant* se
ponían *lagartijas* (Eidechsen) en el pecho dentro de un tubo para que un herida -aquí:
metafórica- sanara, adquiriera salud) – 20 **reventar** *fig* explotar (de rabia) – 22 **un talle**
figura, aspecto, apariencia – 22 **la delicadeza** suavidad, cuidado, tacto en las formas –
23 **afortunadamente** por suerte, por fortuna

ANGUSTIAS: Y, además, ¡más vale onza en el arca que ojos negros en la cara!

MAGDALENA: Por un oído me entra y por otro me sale.

AMELIA: *(a* LA PONCIA.*)* Abre la puerta del patio a ver si nos entra un poco de fresco.

(La CRIADA *lo hace.)*

MARTIRIO: Esta noche pasada no me podía quedar dormida por el calor.

AMELIA: Yo tampoco.

MAGDALENA: Yo me levanté a refrescarme. Había un nublo negro de tormenta y hasta cayeron algunas gotas.

LA PONCIA: Era la una de la madrugada y subía fuego de la tierra. También me levanté yo. Todavía estaba Angustias con Pepe en la ventana.

MAGDALENA: *(con ironía.)* ¿Tan tarde? ¿A qué hora se fue?

ANGUSTIAS: Magdalena, ¿a qué preguntas, si lo viste?

AMELIA: Se iría a eso de la una y media.

ANGUSTIAS: ¿Sí? ¿Tú por qué lo sabes?

AMELIA: Lo sentí toser y oí los pasos de su jaca.

LA PONCIA: Pero si yo lo sentí marchar a eso de las cuatro.

ANGUSTIAS: No sería él.

LA PONCIA: Estoy segura.

AMELIA: A mí también me pareció.

---

1 **una onza** *aquí:* pieza de un material de valor (oro, plata, etc) con un peso determinado (28,7 gramos) – 2 **más vale onza en el arca que ojos negros en la cara** expresa con carácter de sentencia que es mejor y tiene más valor el dinero que la belleza – 3 **entrarle a up uc por un oído y salirle por otro** *loc* no hacer caso de lo que se dice, menospreciar *p ej* un consejo – 10 **un nublo** nube que anuncia, advierte tormenta – 12 **subir fuego de la tierra** descripción extrema del clima y paisaje que expresa por analogía el estado de ánimo de los personajes – 16 **a qué** para qué, con qué objetivo; muestra cierta provocación, desafío – 19 **una jaca** hembra del caballo, yegua

MAGDALENA: ¡Qué cosa más rara!

(Pausa.)

LA PONCIA: Oye, Angustias: ¿qué fue lo que te dijo la primera vez que se acercó a tu ventana?

5 ANGUSTIAS: Nada. ¡Qué me iba a decir! Cosas de conversación.

MARTIRIO: Verdaderamente es raro que dos personas que no se conocen se vean de pronto en una reja y ya novios.

ANGUSTIAS: Pues a mí no me chocó.

10 AMELIA: A mí me daría no sé qué.

ANGUSTIAS: No, porque cuando un hombre se acerca a una reja ya sabe por los que van y vienen, llevan y traen, que se le va a decir que sí.

MARTIRIO: Bueno; pero él te lo tendría que decir.

15 ANGUSTIAS: ¡Claro!

AMELIA: *(curiosa.)* ¿Y cómo te lo dijo?

ANGUSTIAS: Pues nada: «Ya sabes que ando detrás de ti, necesito una mujer buena, modosa, y esa eres tú si me das la conformidad.»

20 AMELIA: ¡A mí me da vergüenza de estas cosas!

ANGUSTIAS: Y a mí, pero hay que pasarlas.

LA PONCIA: ¿Y habló más?

ANGUSTIAS: Sí, siempre habló él.

MARTIRIO: ¿Y tú?

---

8 **de pronto** de repente – 8 **una reja** celosía, barras en una ventana – 10 **no sé qué** cosa sutil, misteriosa, que no se sabe explicar – 12 **por los que van y vienen, llevan y traen** a través de lo que se habla, la información y comentarios que corren – 17 **andar** *aquí:* pretender insistentemente el amor de up; estar, ir detrás de ella – 18 **modoso** que sigue las normas o modos sociales, serio

ANGUSTIAS: Yo no hubiera podido. Casi se me salió el corazón por la boca. Era la primera vez que estaba sola de noche con un hombre.

MAGDALENA: Y un hombre tan guapo.

5 ANGUSTIAS: No tiene mal tipo.

LA PONCIA: Esas cosas pasan entre personas ya un poco instruidas que hablan y dicen y mueven la mano... La primera vez que mi marido Evaristo el Colín vino a mi ventana... Ja, ja, ja.

10 AMELIA: ¿Qué pasó?

LA PONCIA: Era muy oscuro. Lo vi acercarse y al llegar me dijo: «Buenas noches.» «Buenas noches», le dije yo, y nos quedamos callados más de media hora. Me corría el sudor por todo el cuerpo. Entonces Evaristo se acercó, se acercó
15 que se quería meter por los hierros, y dijo con voz muy baja: «¡Ven que te tiente!» *(Ríen todas. AMELIA se levanta corriendo y espía por una puerta.)*

AMELIA: ¡Ay!, creí que llegaba nuestra madre.

MAGDALENA: ¡Buenas nos hubiera puesto!

20 *(Siguen riendo.)*

AMELIA: Chissss ... ¡Que nos van a oír!

LA PONCIA: Luego se portó bien. En vez de darle por otra cosa le dio por criar colorines hasta que se murió. A vosotras que sois solteras, os conviene saber de todos modos que el
25 hombre, a los quince días de boda, deja la cama por la mesa y luego la mesa por la tabernilla, y la que no se conforma se pudre llorando en un rincón.

---

2 **salirse el corazón por la boca** *fig* pulsaciones fuertes por emoción, nervios –
7 **instruido** educado, con formación – 7 **mover la mano** *aquí:* se refiere a ciertas maneras sociales y de protocolo – 13 **el sudor** líquido que produce el cuerpo por el calor (*p ej* cuando se está nervioso) – 15 **un hierro** metal muy duro (Eisen) – 16 **tentar** tocar, sentir, probar – 17 **espiar** mirar sin ser visto – 19 **poner buena a up** *loc irón coloq* criticar – 22 **portarse** tener un comportamiento determinado, comportarse – 23 **criar** cuidar y hacer crecer – 23 **un colorín** *ant* jilguero (Stieglitz) – 26 **una taberna** *dim* bar, cantina, bodega – 26 **conformarse** adaptarse a una costumbre aceptándola con resignación – 27 **un rincón** *fig* esquina, lugar apartado

AMELIA: Tú te conformaste.

LA PONCIA: ¡Yo pude con él!

MARTIRIO: ¿Es verdad que le pegaste algunas veces?

LA PONCIA: Sí, y por poco si le dejo tuerto.

5 MAGDALENA: ¡Así debían ser todas las mujeres!

LA PONCIA: Yo tengo la escuela de tu madre. Un día me dijo no sé qué cosa y le maté todos los colorines con la mano del almirez. *(Ríen.)*

MAGDALENA: Adela, niña, no te pierdas esto.

10 AMELIA: Adela. *(Pausa.)*

MAGDALENA: Voy a ver. *(Entra.)*

LA PONCIA: Esa niña está mala.

MARTIRIO: Claro, no duerme apenas.

LA PONCIA: ¿Pues qué hace?

15 MARTIRIO: ¡Yo qué sé lo que hace!

LA PONCIA: Mejor lo sabrás tú que yo, que duermes pared por medio.

ANGUSTIAS: La envidia la come.

AMELIA: No exageres.

20 ANGUSTIAS: Se lo noto en los ojos. Se le está poniendo mirar de loca.

MARTIRIO: No habléis de locos. Aquí es el único sitio donde no se puede pronunciar esta palabra.

(Sale MAGDALENA con ADELA.)

25 MAGDALENA: Pues ¿no estabas dormida?

---

4 **por poco** *loc* no faltó mucho para que sucediera, estuvo a punto, casi – 4 **si** sirve para acentuar, dar énfasis – 4 **tuerto** sin visión en un ojo – 8 **un almirez** *mortero* de metal (Mörser); se puede pensar en la analogía -casi ritual- entre los colorines y el pseudónimo del marido – 18 **comer uc a up** *fig* consumir una pasión; poder con up, destruirla – 19 **exagerar** ver o presentar uc de foma más extrema o grave que como es en realidad

ADELA: Tengo mal cuerpo.

MARTIRIO: *(con intención.)* ¿Es que no has dormido bien esta noche?

ADELA: Sí.

5 MARTIRIO: ¿Entonces?

ADELA: *(fuerte.)* ¡Déjame ya! ¡Durmiendo o velando, no tienes por qué meterte en lo mío! ¡Yo hago con mi cuerpo lo que me parece!

MARTIRIO: ¡Solo es interés por ti!

10 ADELA: Interés o inquisición. ¿No estabais cosiendo? Pues seguir. ¡Quisiera ser invisible, pasar por las habitaciones sin que me preguntarais dónde voy!

CRIADA: *(entra.)* Bernarda os llama. Está el hombre de los encajes.

15 *(Salen. Al salir,* MARTIRIO *mira fijamente a* ADELA*.)*

ADELA: ¡No me mires más! Si quieres te daré mis ojos, que son frescos, y mis espaldas para que te compongas la joroba que tienes, pero vuelve la cabeza cuando yo paso. *(Se va* MARTIRIO*.)*

20 LA PONCIA: ¡Que es tu hermana y además la que más te quiere!

ADELA: Me sigue a todos lados. A veces se asoma a mi cuarto para ver si duermo. No me deja respirar. Y siempre: «¡Qué lástima de cara!», «¡Qué lástima de cuerpo que no vaya a ser
25 para nadie!» ¡Y eso no! Mi cuerpo será de quien yo quiera.

LA PONCIA: *(con intención y en voz baja.)* De Pepe el Romano. ¿No es eso?

ADELA: *(sobrecogida.)* ¿Qué dices?

---

1 **un mal cuerpo** sentirse mal, malestar físico – 6 **velar** estar en vela, sin dormir – 7 **meterse** *coloq aquí:* mezclarse en asuntos de otra persona – 10 **la inquisición** investigar minuciosamente para saber, descubrir la verdad – 11 **invisible** que no se puede ver – 14 **un encaje** bordado, puntilla – 17 **componer** arreglar, ordenar – 17 **una joroba** deformidad, protuberancia de la espalda (Buckel) – 28 **sobrecogido** asustado, impresionado enormemente al ser sorprendido

LA PONCIA: Lo que digo, Adela.

ADELA: ¡Calla!

LA PONCIA: *(alto.)* ¿Crees que no me he fijado?

ADELA: ¡Baja la voz!

5 LA PONCIA: ¡Mata esos pensamientos!

ADELA: ¿Qué sabes tú?

LA PONCIA: Las viejas vemos a través de las paredes. ¿Dónde vas de noche cuando te levantas?

ADELA: ¡Ciega debías estar!

10 LA PONCIA: Con la cabeza y las manos llenas de ojos cuando se trata de lo que se trata. Por mucho que pienso no sé lo que te propones. ¿Por qué te pusiste casi desnuda con la luz encendida y la ventana abierta al pasar Pepe el segundo día que vino a hablar con tu hermana?

15 ADELA: ¡Eso no es verdad!

LA PONCIA: No seas como los niños chicos. ¡Deja en paz a tu hermana, y si Pepe el Romano te gusta, te aguantas! *(ADELA llora.)*
Además, ¿quién dice que no te puedes casar con él? Tu
20 hermana Angustias es una enferma. Esa no resiste el primer parto. Es estrecha de cintura, vieja, y con mi conocimiento te digo que se morirá. Entonces Pepe hará lo que hacen todos los viudos de esta tierra: se casará con la más joven, la más hermosa, y esa serás tú. Alimenta esa esperanza,
25 olvídalo, lo que quieras, pero no vayas contra la ley de Dios.

ADELA: ¡Calla!

LA PONCIA: ¡No callo!

ADELA: Métete en tus cosas, ¡oledora!, ¡pérfida!

---

7 **a través** por entre, que pasa al otro lado – 12 **proponerse** tener un plan, ponerse un objetivo – 16 **chico** *and can Am* pequeño – 17 **aguantar** soportar, resistir – 21 **un parto** hacer nacer una mujer un niño – 21 **una cintura** talle (Hüfte) – 24 **alimentar** *fig* dar de comer, dar alimento – 25 **la ley de Dios** lo natural, racional; lo que Dios manda – 28 **oledor** *fig aquí:* que mete las narices donde no le importa; "huele", se interesa por los asuntos de otros – 28 **pérfido** perverso, traidor, malo

LA PONCIA: Sombra tuya he de ser.

ADELA: En vez de limpiar la casa y acostarte para rezar a tus muertos, buscas como una vieja marrana asuntos de hombres y mujeres para babosear en ellos.

5 LA PONCIA: ¡Velo! Para que las gentes no escupan al pasar por esta puerta.

ADELA: ¡Qué cariño tan grande te ha entrado de pronto por mi hermana!

LA PONCIA: No os tengo ley a ninguna, pero quiero vivir en
10 casa decente. ¡No quiero mancharme de vieja!

ADELA: Es inútil tu consejo. Ya es tarde. No por encima de ti, que eres una criada; por encima de mi madre saltaría para apagarme este fuego que tengo levantado por piernas y boca. ¿Qué puedes decir de mí? ¿Que me encierro en mi
15 cuarto y no abro la puerta? ¿Que no duermo? ¡Soy más lista que tú! Mira a ver si puedes agarrar la liebre con tus manos.

LA PONCIA: No me desafíes, Adela, no me desafíes. Porque yo puedo dar voces, encender luces y hacer que toquen las campanas.

20 ADELA: Trae cuatro mil bengalas amarillas y ponlas en las bardas del corral. Nadie podrá evitar que suceda lo que tiene que suceder.

LA PONCIA: ¡Tanto te gusta ese hombre!

---

1 **una sombra** *coloq fig* seguir a up, estar a su lado – viendo lo que hace – sin separarse de ella – 2 **rezar** pedir a Dios – 3 **marrano** *coloq* sucio, bajo moralmente – 4 **babosear** llenar de *babas* (Geifer); *fig aquí:* disfrutar con gran satisfacción viendo uc – 9 **tener ley** *ant* amor, lealtad, afecto – 10 **manchar** ensuciar el honor, el buen nombre con un asunto *indecente* (unanständig) – 11 **inútil** ⧧ útil – 13 **un fuego** *fig* pasión, deseo – 16 **agarrar una liebre con las manos** compara la dificultad de frenarla en sus intenciones con la de coger un conejo, animal que escapa rápidamente y se mueve mucho; la liebre es, además, símbolo tradicional de tendencia erótica – 17 **desafiar** provocar a un duelo, competición – 20 **una bengala** fuego artificial sin explosivos que produce mucha luz y es muy colorido – 21 **una barda** muro alrededor de una propiedad que marca su límite – 21 **suceder** pasar, ocurrir

ADELA: ¡Tanto! Mirando sus ojos me parece que bebo su sangre lentamente.

LA PONCIA: Yo no te puedo oír.

5 ADELA: ¡Pues me oirás! Te he tenido miedo. ¡Pero ya soy más fuerte que tú!

(Entra ANGUSTIAS.)

ANGUSTIAS: ¡Siempre discutiendo!

LA PONCIA: Claro. Se empeña que con el calor que hace vaya a traerle no sé qué de la tienda.

10 ANGUSTIAS: ¿Me compraste el bote de esencia?

LA PONCIA: El más caro. Y los polvos. En la mesa de tu cuarto los he puesto.

(Sale ANGUSTIAS.)

ADELA: ¡Y chitón!

15 LA PONCIA: ¡Lo veremos!

(Entran MARTIRIO, AMELIA y MAGDALENA.)

MAGDALENA: *(a Adela.)* ¿Has visto los encajes?

AMELIA: Los de Angustias para sus sábanas de novia son preciosos.

20 ADELA: *(a MARTIRIO, que trae unos encajes.)* ¿Y estos?

MARTIRIO: Son para mí. Para una camisa.

ADELA: *(con sarcasmo.)* Se necesita buen humor.

MARTIRIO: *(con intención.)* Para verlo yo. No necesito lucirme ante nadie.

---

2 **beber su sangre** *fig* expresa una gran pasión (casi vampírica) que hace desear su consumo para unirse y que sea sólo para ella; tiene relación con el "amor loco" de los surrealistas, destructivo y más allá de las normas sociales – 8 **empeñarse** insistir con uc y no descansar hasta que se realiza, obsesionándose incluso – 10 **un bote** lata para guardar cosas – 10 **una esencia** perfume concentrado de una sustancia aromática – 14 **chitón** *coloq interj* que sirve para exigir silencio; puede indicar también que, si no se cumple, se corre peligro – 22 **el sarcasmo** burla irónica y cruel – 22 **un buen humor** disposición a hacer uc; estado de ánimo que lleva a mostrarse alegre y simpático

LA PONCIA: Nadie le ve a una en camisa.

MARTIRIO: *(con intención y mirando a* ADELA.*)* ¡A veces! Pero me encanta la ropa interior. Si fuera rica la tendría de holanda. Es uno de los pocos gustos que me quedan.

5 LA PONCIA: Estos encajes son preciosos para las gorras de niños, para mantehuelos de cristianar. Yo nunca pude usarlos en los míos. A ver si ahora Angustias los usa en los suyos. Como le dé por tener crías, vais a estar cosiendo mañana y tarde.

10 MAGDALENA: Yo no pienso dar una puntada.

AMELIA: Y mucho menos criar niños ajenos. Mira tú cómo están las vecinas del callejón, sacrificadas por cuatro monigotes.

LA PONCIA: Esas están mejor que vosotras. ¡Siquiera allí se ríe
15 y se oyen porrazos!

MARTIRIO: Pues vete a servir con ellas.

LA PONCIA: No. Ya me ha tocado en suerte este convento.

(Se oyen unos campanillos lejanos como a través de varios muros.)

20 MAGDALENA: Son los hombres que vuelven del trabajo.

LA PONCIA: Hace un minuto dieron las tres.

MARTIRIO: ¡Con este sol!

ADELA: *(sentándose.)* ¡Ay, quién pudiera salir también a los campos!

---

4 **un gusto** deseo de uc, capricho – 6 **un manto** *dim* ropa que cubre gran parte del cuerpo – 6 **cristianar** bautizar (sacramento cristiano) – 8 **darle a up por uc** *loc* entrarle muy vivo interés por uc – 10 **una puntada** cosido, espacio o punto que se produce al coser – 11 **ajeno** de otro, extraño, externo – 12 **un callejón** calle o paso estrecho y largo entre casas o paredes (normalmente con poca luz) – 12 **sacrificado** entregado; que se ofrece, da – 13 **un monigote** *coloq fig despect* muñeco – 15 **un porrazo** golpe que se recibe al caer o chocar – 17 **tocar** corresponder, ser propio por efecto de la casualidad, al caer en suerte – 18 **un campanillo** pequeña *campana* (Glocke) de bronce o cobre que llevan algunos animales (vacas, ovejas) para que suene al moverse – 21 **dar** dar una hora, serla; las campanadas correspondientes a cada hora la dan, anuncian (no hay normalmente relojes en las torres de las iglesias de España)

MAGDALENA: *(sentándose.)* ¡Cada clase tiene que hacer lo suyo!

MARTIRIO: *(sentándose.)* ¡Así es!

AMELIA: *(sentándose.)* ¡Ay!

5 LA PONCIA: No hay alegría como la de los campos en esta época. Ayer de mañana llegaron los segadores. Cuarenta o cincuenta buenos mozos.

MAGDALENA: ¿De dónde son este año?

LA PONCIA: De muy lejos. Vinieron de los montes. ¡Alegres!
10 ¡Como árboles quemados! ¡Dando voces y arrojando piedras! Anoche llegó al pueblo una mujer vestida de lentejuelas y que bailaba con un acordeón, y quince de ellos la contrataron para llevársela al olivar. Yo los vi de lejos. El que la contrataba era un muchacho de ojos verdes, apretado
15 como una gavilla de trigo.

AMELIA: ¿Es eso cierto?

ADELA: ¡Pero es posible!

LA PONCIA: Hace años vino otra de estas y yo misma di dinero a mi hijo mayor para que fuera. Los hombres
20 necesitan estas cosas.

ADELA: Se les perdona todo.

AMELIA: Nacer mujer es el mayor castigo.

MAGDALENA: Y ni nuestros ojos siquiera nos pertenecen.

(Se oye un cantar lejano que se va acercando.)

25 LA PONCIA: Son ellos. Traen unos cantos preciosos.

AMELIA: Ahora salen a segar.

---

6 **un segador** up que corta y coge trigo u otros cereales – 10 **quemado** que recibe el efecto del fuego y se consume; *aquí: fig* lleno de vida, luz y energía (a pesar del esfuerzo) – 11 **una lentejuela** ornamento de pequeños materiales brillantes cosidos a la ropa – 14 **contratar** dar un trabajo a up, ofrecer un contrato – 14 **apretado** ajustado, de cuerpo duro y firme – 15 **una gavilla** montón de cereales o vegetales no muy grande

CORO: Ya salen los segadores
en busca de las espigas;
se llevan los corazones
de las muchachas que miran.

5 *(Se oyen panderos y carrañacas. Pausa. Todas oyen en un silencio traspasado por el sol.)*

AMELIA: ¡Y no les importa el calor!

MARTIRIO: Siegan entre llamaradas.

ADELA: Me gustaría segar para ir y venir. Así se olvida lo que
10 nos muerde.

MARTIRIO: ¿Qué tienes tú que olvidar?

ADELA: Cada una sabe sus cosas.

MARTIRIO: *(profunda.)* ¡Cada una!

LA PONCIA: ¡Callar! ¡Callar!

15 CORO: *(muy lejano.)* Abrir puertas y ventanas
las que vivís en el pueblo,
el segador pide rosas
para adornar su sombrero.

LA PONCIA: ¡Qué canto!

20 MARTIRIO: *(con nostalgia.)* Abrir puertas y ventanas las que vivís en el pueblo …

ADELA: *(con pasión.)* … el segador pide rosas para adornar su sombrero.

(Se va alejando el cantar.)

25 LA PONCIA: Ahora dan vuelta a la esquina.

ADELA: Vamos a verlos por la ventana de mi cuarto.

---

2 **una espiga** grano o fruto del cereal – 5 **un pandero** instrumento popular de percusión que suena al moverlo o golpearlo (Tamburin) – 5 **una carrañaca** tabla, superficie metálica o de madera con relieve que suena al pasar un madero por encima – 6 **traspasar** pasar a través, por entre uc – 8 **una llamarada** llama (o *ant* flama) de fuego que se levanta y apaga pronto – 9 **ir y venir** expresa el moverse libremente – 10 **morder** *fig* preocupar, molestar, doler – 18 **adornar** ornamentar, arreglar, decorar

LA PONCIA: Tened cuidado con no entreabrirla mucho, porque son capaces de dar un empujón para ver quién mira.

(Se van las tres. Martirio queda sentada en la silla baja con la cabeza entre las manos.)

5 AMELIA: *(acercándose.)* ¿Qué te pasa?

MARTIRIO: Me sienta mal el calor.

AMELIA: ¿No es más que eso?

MARTIRIO: Estoy deseando que llegue noviembre, los días de lluvias, la escarcha, todo lo que no sea este verano
10 interminable.

AMELIA: Ya pasará y volverá otra vez.

MARTIRIO: ¡Claro! *(Pausa.)* ¿A qué hora te dormiste anoche?

AMELIA: No sé. Yo duermo como un tronco. ¿Por qué?

MARTIRIO: Por nada, pero me pareció oír gente en el corral.

15 AMELIA: ¿Sí?

MARTIRIO: Muy tarde.

AMELIA: ¿Y no tuviste miedo?

MARTIRIO: No. Ya lo he oído otras noches.

AMELIA: Debiéramos tener cuidado. ¿No serían los gañanes?

20 MARTIRIO: Los gañanes llegan a las seis.

AMELIA: Quizá una mulilla sin desbravar.

MARTIRIO: *(entre dientes y llena de segunda intención.)* Eso, ¡eso!, una mulilla sin desbravar.

---

1 **entreabrir** abrir un poco (a medias) una ventana, puerta, etc – 9 **una escarcha** helada de la mañana (Reif) – 10 **interminable** sin fin, que no termina – 13 **dormir como un tronco** *loc coloq* dormir profundamente – 21 **una mula** *dim* hija de caballo y burro o de burra y yegua, normalmente estéril – 21 **desbravar** tranquilizar la bravura, el ímpetu de un animal; acostumbrar a la compañía humana un animal salvaje – 23 **una mulilla sin desbravar** *fig irón* compara así la rebeldía de Adela y su deseo erótico juvenil

AMELIA: ¡Hay que prevenir!

MARTIRIO: No. No. No digas nada, puede ser un barrunto mío.

AMELIA: Quizá.

5 *(Pausa. AMELIA inicia el mutis.)*

MARTIRIO: Amelia.

AMELIA: *(en la puerta.)* ¿Qué?

(Pausa.)

MARTIRIO: Nada.

10 *(Pausa.)*

AMELIA: ¿Por qué me llamaste? *(Pausa.)*

MARTIRIO: Se me escapó. Fue sin darme cuenta.

(Pausa.)

AMELIA: Acuéstate un poco.

15 ANGUSTIAS: *(entrando furiosa en escena, de modo que haya un gran contraste con los silencios anteriores.)* ¿Dónde está el retrato de Pepe que tenía yo debajo de mi almohada? ¿Quién de vosotras lo tiene?

MARTIRIO: Ninguna.

20 AMELIA: Ni que Pepe fuera un San Bartolomé de plata.

ANGUSTIAS: ¿Dónde está el retrato?

(Entran LA PONCIA, MAGDALENA y ADELA.)

ADELA: ¿Qué retrato?

---

1 **prevenir** prepararse para un daño o dificultad antes de que ocurra; protegerse para que no llegue a suceder − 2 **un barrunto** indicio, sospecha, uc que se supone (suposición) − 5 **un mutis** *en teatro* expresa que un personaje sale de escena − 12 **escaparse uc a up** hacer o decir uc involuntariamente, sin intención − 16 **un contraste** resaltar por oposición, diferencia − 17 **un retrato** imagen, fotografía, figura de up (que a veces puede tener carácter fetichista, religioso o mágico) − 20 **San Bartolomé** se refiere a la costumbre de llevar un icono o figura de un santo que, en muchos casos, da salud a enfermos; este santo, a los que tienen crisis nerviosas

ANGUSTIAS: Una de vosotras me lo ha escondido.

MAGDALENA: ¿Tienes la desvergüenza de decir esto?

ANGUSTIAS: Estaba en mi cuarto y ya no está.

MARTIRIO: ¿Y no se habrá escapado a medianoche al corral?
5 A Pepe le gusta andar con la luna.

ANGUSTIAS: ¡No me gastes bromas! Cuando venga se lo
contaré.

LA PONCIA: ¡Eso no, porque aparecerá! *(Mirando a* ADELA*.)*

ANGUSTIAS: ¡Me gustaría saber cuál de vosotras lo tiene!

10 ADELA: *(mirando a* MARTIRIO*.)* ¡Alguna! ¡Todas menos yo!

MARTIRIO: *(con intención.)* ¡Desde luego!

BERNARDA: *(entrando.)* ¡Qué escándalo es este en mi casa y
en el silencio del peso del calor! Estarán las vecinas con el
oído pegado a los tabiques.

15 ANGUSTIAS: Me han quitado el retrato de mi novio.

BERNARDA: *(fiera.)* ¿Quién? ¿Quién?

ANGUSTIAS: ¡Estas!

BERNARDA: ¿Cuál de vosotras? *(Silencio.)* ¡Contestarme!
(Silencio. A PONCIA*.)* Registra los cuartos, mira por las
20 camas. ¡Esto tiene no ataros más cortas! ¡Pero me vais a
soñar! *(A* ANGUSTIAS*.)* ¿Estás segura?

ANGUSTIAS: Sí.

BERNARDA: ¿Lo has buscado bien?

ANGUSTIAS: Sí, madre.

25 *(Todas están de pie en medio de un embarazoso silencio.)*

---

2 **la desvergüenza** frescura ÷ vergüenza – 6 **gastar bromas** *coloq* hacer bromas para
burlarse de up, reír a su costa – 11 **desde luego** *irón* por supuesto, naturalmente –
14 **pegado** unido, junto, próximo – 14 **un tabique** pared delgada que separa las
habitaciones – 16 **fiero** agresivo, con rabia, duro – 19 **registrar** investigar buscando
entre las cosas de up, examinando con cuidado – 20 **atar corto a up** *loc coloq* no dejar
apenas libertad a up para poder controlarla completamente – 21 **soñar a up** *fig* aquí:
expresa que no van a olvidarse del mal hecho, van a tener incluso pesadillas con ella –
25 **embarazoso** molesto, incómodo, desagradable

BERNARDA: Me hacéis al final de mi vida beber el veneno más amargo que una madre puede resistir. *(A* PONCIA*.)* ¿No lo encuentras?

LA PONCIA: *(saliendo.)* Aquí está.

5   BERNARDA: ¿Dónde lo has encontrado?

LA PONCIA: Estaba ...

BERNARDA: Dilo sin temor.

LA PONCIA: *(extrañada.)* Entre las sábanas de la cama de Martirio.

10   BERNARDA: *(a* MARTIRIO*)* ¿Es verdad?

MARTIRIO: ¡Es verdad!

BERNARDA: *(avanzando y golpeándola.)* Mala puñalada te den, ¡mosca muerta! ¡Sembradura de vidrios!

MARTIRIO: *(fiera.)* ¡No me pegue usted, madre!

15   BERNARDA: ¡Todo lo que quiera!

MARTIRIO: ¡Si yo la dejo! ¿Lo oye? ¡Retírese usted!

LA PONCIA: No faltes a tu madre.

ANGUSTIAS: *(cogiendo a* BERNARDA*.)* Déjala. ¡Por favor!

BERNARDA: Ni lágrimas te quedan en esos ojos.

20   MARTIRIO: No voy a llorar para darle gusto.

BERNARDA: ¿Por qué has cogido el retrato?

MARTIRIO: ¿Es que yo no puedo gastar una broma a mi hermana? ¿Para qué lo iba a querer?

---

8 **extrañado** sorprendido por uc que parece rara o extraña – 13 **una mosca muerta** *coloq* up que parece *ingenua* (naiv), pero en el fondo no lo es tanto; parece no tener ánimo o energía, pero está siempre atenta a su propio provecho – 13 **una sembradura** acción y efecto de sembrar, dar motivos o causa – 13 **un vidrio** *fig* uc que no se puede tocar sin hacerse daño (como un cristal roto), que produce confrontación – 16 **retirarse** irse, marcharse, alejarse de un lugar – 17 **faltar** faltar al respeto, no tener respeto

ADELA: *(saltando llena de celos.)* No ha sido broma, que tú nunca has gustado jamás de juegos. Ha sido otra cosa que te reventaba en el pecho por querer salir. Dilo ya claramente.

MARTIRIO: ¡Calla y no me hagas hablar, que si hablo se van a juntar las paredes unas con otras de vergüenza!

ADELA: ¡La mala lengua no tiene fin para inventar!

BERNARDA: ¡Adela!

MAGDALENA: Estáis locas.

AMELIA: Y nos apedreáis con malos pensamientos.

MARTIRIO: Otras hacen cosas más malas.

ADELA: Hasta que se pongan en cueros de una vez y se las lleve el río.

BERNARDA: ¡Perversa!

ANGUSTIAS: Yo no tengo la culpa de que Pepe el Romano se haya fijado en mí.

ADELA: ¡Por tus dineros!

ANGUSTIAS: ¡Madre!

BERNARDA: ¡Silencio!

MARTIRIO: Por tus marjales y tus arboledas.

MAGDALENA: ¡Eso es lo justo!

BERNARDA: ¡Silencio digo! Yo veía la tormenta venir, pero no creía que estallara tan pronto. ¡Ay, qué pedrisco de odio habéis echado sobre mi corazón! Pero todavía no soy

---

1 **saltar** reaccionar rápidamente y con energía; participar inesperadamente en una conversación – 1 **el celo** *pl* miedo de que la persona amada dirija su amor hacia otra persona – 5 **juntarse las paredes de vergüenza** *fig aprox* por vergüenza, humillación van a querer reducirse, hacerse pequeñas hasta ser invisibles incluso las cosas sin vida (más todavía las personas). Se mantiene la importancia de la defensa del honor ante la opinión pública – 9 **apedrear** *fig* tirar o arrojar piedras a uc o up; dañar sin compasión – 11 **en cueros** *loc* sin ropa, desnudo – 12 **un río** *aquí: fig* el río de la pasión, del ímpetu (que mueve y lleva) – 13 **perverso** cruel, malo, pérfido – 19 **un marjal** terreno bajo, con lagunas; medida agraria – 19 **una arboleda** grupo de árboles, lugar con sombra y agradable – 22 **estallar** explotar, detonarse, reventar – 22 **un pedrisco** *fig* denso *granizo* que cae con fuerza (Hagel)

anciana y tengo cinco cadenas para vosotras y esta casa
levantada por mi padre para que ni las hierbas se enteren de
mi desolación. ¡Fuera de aquí!

(Salen. BERNARDA se sienta desolada. LA PONCIA está de
5 *pie arrimada a los muros. BERNARDA reacciona, da un golpe*
en el suelo y dice:)

¡Tendré que sentarles la mano! Bernarda: acuérdate que esta
es tu obligación.

LA PONCIA: ¿Puedo hablar?

10 BERNARDA: Habla. Siento que hayas oído. Nunca está bien
una extraña en el centro de la familia.

LA PONCIA: Lo visto, visto está.

BERNARDA: Angustias tiene que casarse en seguida.

LA PONCIA: Claro; hay que retirarla de aquí.

15 BERNARDA: No a ella. ¡A él!

LA PONCIA: Claro. A él hay que alejarlo de aquí. Piensas bien.

BERNARDA: No pienso. Hay cosas que no se pueden ni se
deben pensar. Yo ordeno.

LA PONCIA: ¿Y tú crees que él querrá marcharse?

20 BERNARDA: *(levantándose.)* ¿Qué imagina tu cabeza?

LA PONCIA: Él, ¡claro!, se casará con Angustias.

BERNARDA: Habla, te conozco demasiado para saber que ya
me tienes preparada la cuchilla.

LA PONCIA: Nunca pensé que se llamara asesinato al aviso.

25 BERNARDA: ¿Me tienes que prevenir algo?

---

1 **una cadena** uc que une a otra sin posibilitar separarse – 2 **una hierba** planta
pequeña, blanda y sin madera de la que se alimentan *p ej* las vacas – 3 **la desolación**
tristeza, dolor, ruina – 5 **arrimado** junto, próximo, muy cerca – 7 **sentar la mano a** up
loc coloq castigar con golpes, golpear – 8 **una obligación** deber que exige u obliga a up
a hacer uc – 18 **ordenar** mandar, decir lo que hay que hacer – 23 **una cuchilla** cuchillo,
machete; *fig aquí*: ataque con palabras que hacen daño – 24 **un asesinato** acción de
asesinar – 24 **un aviso** acción de prevenir o avisar

LA PONCIA: Yo no acuso, Bernarda. Yo solo te digo: abre los ojos y verás.

BERNARDA: ¿Y verás qué?

LA PONCIA: Siempre has sido lista. Has visto lo malo de las gentes a cien leguas; muchas veces creí que adivinabas los pensamientos. Pero los hijos son los hijos. Ahora estás ciega.

BERNARDA: ¿Te refieres a Martirio?

LA PONCIA: Bueno, a Martirio … *(Con curiosidad.)* ¿Por qué habrá escondido el retrato?

BERNARDA: *(queriendo ocultar a su hija.)* Después de todo, ella dice que ha sido una broma. ¿Qué otra cosa puede ser?

LA PONCIA: ¿Tú lo crees así? *(Con sorna.)*

BERNARDA: *(enérgica.)* No lo creo. ¡Es así!

LA PONCIA: Basta. Se trata de lo tuyo. Pero si fuera la vecina de enfrente, ¿qué sería?

BERNARDA: Ya empiezas a sacar la punta del cuchillo.

LA PONCIA: *(siempre con crueldad.)* Bernarda: aquí pasa una cosa muy grande. Yo no te quiero echar la culpa, pero tú no has dejado a tus hijas libres. Martirio es enamoradiza, digas lo que tú quieras. ¿Por qué no la dejaste casar con Enrique Humanas? ¿Por qué el mismo día que iba a venir a la ventana le mandaste recado que no viniera?

BERNARDA: ¡Y lo haría mil veces! ¡Mi sangre no se junta con la de los Humanas mientras yo viva! Su padre fue gañán.

LA PONCIA: ¡Y así te va a ti con esos humos!

BERNARDA: Los tengo porque puedo tenerlos. Y tú no los tienes porque sabes muy bien cuál es tu origen.

---

1 **acusar** responsabilizar, culpar a up de uc – 12 **la sorna** burla irónica, disimulada – 13 **enérgico** con ímpetu, energía – 16 **una punta** extremo, fin; *fig* se prepara para hacer daño con sus comentarios – 17 **la crueldad** cualidad de cruel, sádico, perverso – 18 **echar la culpa** *loc* culpar, hacer responsable (*p ej* de un delito) – 19 **enamoradizo** con facilidad, con tendencia a enamorarse – 22 **un recado** mensaje, noticia – 25 **un humo** *pl fig* arrogancia, orgullo

LA PONCIA: *(con odio.)* No me lo recuerdes. Estoy ya vieja. Siempre agradecí tu protección.

BERNARDA: *(crecida.)* ¡No lo parece!

LA PONCIA: *(con odio envuelto en suavidad.)* A Martirio se le
5 olvidará esto.

BERNARDA: Y si no lo olvida peor para ella. No creo que esta sea la «cosa muy grande» que aquí pasa. Aquí no pasa nada. ¡Eso quisieras tú! Y si pasa algún día, estate segura que no traspasará las paredes.

10 LA PONCIA: Eso no lo sé yo. En el pueblo hay gentes que leen también de lejos los pensamientos escondidos.

BERNARDA: ¡Cómo gozarías de vernos a mí y a mis hijas camino del lupanar!

LA PONCIA: ¡Nadie puede conocer su fin!

15 BERNARDA: ¡Yo sí sé mi fin! ¡Y el de mis hijas! El lupanar se queda para alguna mujer ya difunta.

LA PONCIA: ¡Bernarda, respeta la memoria de mi madre!

BERNARDA: ¡No me persigas tú con tus malos pensamientos!

(Pausa.)

20 LA PONCIA: Mejor será que no me meta en nada.

BERNARDA: Eso es lo que debías hacer. Obrar y callar a todo. Es la obligación de los que viven a sueldo.

LA PONCIA: Pero no se puede. ¿A ti no te parece que Pepe estaría mejor casado con Martirio o …, ¡sí!, con Adela?

25 BERNARDA: No me parece.

LA PONCIA: Adela. ¡Esa es la verdadera novia del Romano!

BERNARDA: Las cosas no son nunca a gusto nuestro.

---

3 **crecerse up** ganar confianza, seguridad, autoridad y así mostrar más valor, ánimo –
4 **envolver** *fig* rodear, cubrir uc por todas sus partes – 13 **un lupanar** burdel, lugar donde trabajan prostitutas – 16 **difunto** muerto, sin vida – 17 **la memoria** recuerdo, honor de su nombre – 21 **obrar** hacer, trabajar

LA PONCIA: Pero les cuesta mucho trabajo desviarse de la verdadera inclinación. A mí me parece mal que Pepe esté con Angustias, y a las gentes, y hasta al aire. ¡Quién sabe si saldrán con la suya!

5 BERNARDA: ¡Ya estamos otra vez! ... Te deslizas para llenarme de malos sueños. Y no quiero entenderte, porque si llegara al alcance de todo lo que dices te tendría que arañar.

LA PONCIA: ¡No llegará la sangre al río!

BERNARDA: Afortunadamente mis hijas me respetan y jamás
10 torcieron mi voluntad.

LA PONCIA: ¡Eso sí! Pero en cuanto las dejes sueltas se te subirán al tejado.

BERNARDA: ¡Ya las bajaré tirándoles cantos!

LA PONCIA: ¡Desde luego eres la más valiente!

15 BERNARDA: ¡Siempre gasté sabrosa pimienta!

LA PONCIA: ¡Pero lo que son las cosas! A su edad. ¡Hay que ver el entusiasmo de Angustias con su novio! ¡Y él también parece muy picado! Ayer me contó mi hijo mayor que a las cuatro y media de la madrugada, que pasó por la calle con la
20 yunta, estaban hablando todavía.

BERNARDA: ¡A las cuatro y media!

ANGUSTIAS: *(saliendo.)* ¡Mentira!

---

1 **desviarse** *fig* apartar, alejar a up del camino que seguía – 2 **una inclinación** tendencia propia y natural de up a inclinarse por uc, hacerla – 4 **salirse con la suya** *loc* lograr cumplir un objetivo, tener éxito a pesar de las dificultades – 5 **deslizarse** moverse con cuidado o disimulo, de forma escondida, sin llamar la atención – 7 **un alcance** consecuencia, efecto; significado – 7 **arañar** hacer heridas ligeras en la piel pasando por encima *uñas* (Nägel) – 8 **no llegar la sangre al río** *loc coloq* no tener una disputa consecuencias graves – 10 **torcer** doblar, modificar, cambiar – 11 **suelto** libre, sin control – 12 **subirse al tejado de up** *expresión* metafórica que indica que up escapa del poder de otra, le pierde el respeto, quiere igualarse a quien es superior – 13 **un canto (rodado)** piedra pequeña (Geröll) – 14 **valiente** ≠ cobarde, miedoso – 15 **gastar** *coloq* tener habitualmente, con frecuencia un carácter determinado (forma de hacer las cosas) – 15 **la pimienta** Pfeffer; *coloq* expresa que up es muy rápida y lista en comprender y actuar, que se adelanta a lo que pasa – 16 **lo que son las cosas** *loc coloq* ¿puedes creelo?; parece increíble, imposible – 18 **picado** *coloq* provocado, excitado, movido

LA PONCIA: Eso me contaron.

BERNARDA: *(a* ANGUSTIAS.*)* ¡Habla!

ANGUSTIAS: Pepe lleva más de una semana marchándose a la una. Que Dios me mate si miento.

5 MARTIRIO: *(saliendo.)* Yo también lo sentí marcharse a las cuatro.

BERNARDA: Pero ¿lo viste con tus ojos?

MARTIRIO: No quise asomarme. ¿No habláis ahora por la ventana del callejón?

10 ANGUSTIAS: Yo hablo por la ventana de mi dormitorio. *(Aparece* ADELA *en la puerta.)*

MARTIRIO: Entonces ...

BERNARDA: ¿Qué es lo que pasa aquí?

LA PONCIA: ¡Cuida de enterarte! Pero, desde luego, Pepe
15 estaba a las cuatro de la madrugada en una reja de tu casa.

BERNARDA: ¿Lo sabes seguro?

LA PONCIA: Seguro no se sabe nada en esta vida.

ADELA: Madre, no oiga usted a quien nos quiere perder a todas.

20 BERNARDA: ¡Yo sabré enterarme! Si las gentes del pueblo quieren levantar falsos testimonios, se encontrarán con mi pedernal. No se hable de este asunto. Hay a veces una ola de fango que levantan los demás para perdernos.

MARTIRIO: A mí no me gusta mentir.

25 LA PONCIA: Y algo habrá.

---

5 **sentir** escuchar – 14 **enterarse** saber de uc, darse cuenta, descubrir – 18 **perder a up** llevarla por mal camino, fuera del honor; destruir – 21 **un falso testimonio** mentir responsabilizando de una culpa a up – 22 **un pedernal** *fig* piedra de extrema dureza que produce chispas al golpearla; de la misma forma, Bernarda resistirá las malas palabras y repatirá dolor, fuego – hará daño – si es necesario – 22 **una ola** *fig* Welle – 23 **un fango** menosprecio, uc contra el honor

BERNARDA: No habrá nada. Nací para tener los ojos abiertos. Ahora vigilaré sin cerrarlos ya hasta que me muera.

ANGUSTIAS: Yo tengo derecho de enterarme.

BERNARDA: Tú no tienes derecho más que a obedecer. Nadie
5   me traiga ni me lleve. *(A LA PONCIA.)* Y tú te metes en los asuntos de tu casa. ¡Aquí no se vuelve a dar un paso sin que yo lo sienta!

CRIADA: *(entrando.)* En lo alto de la calle hay un gran gentío y todos los vecinos están en sus puertas.

10   BERNARDA*(a LA PONCIA.)* ¡Corre a enterarte de lo que pasa! *(Las MUJERES corren para salir.)*

¿Dónde vais? Siempre os supe mujeres ventaneras y rompedoras de su luto. ¡Vosotras, al patio!

(Salen y sale BERNARDA. Se oyen rumores lejanos. Entran
15   *MARTIRIO y ADELA, que se quedan escuchando y sin atreverse a dar un paso más de la puerta de salida.)*

MARTIRIO: Agradece a la casualidad que no desaté mi lengua.

ADELA: También hubiera hablado yo.

MARTIRIO: ¿Y qué ibas a decir? ¡Querer no es hacer!

20   ADELA: Hace la que puede y la que se adelanta. Tú querías, pero no has podido.

MARTIRIO: No seguirás mucho tiempo.

ADELA: ¡Lo tendré todo!

MARTIRIO: Yo romperé tus abrazos.

25   ADELA: *(suplicante.)* ¡Martirio, déjame!

---

2 **vigilar** observar a up para evitar que cause un daño o cuidar de que no se lo produzcan, controlándola – 4 **obedecer** ǂ mandar, ordenar – 5 **traer y llevar** *loc coloq* hacer comentarios o dar noticias para molestar o enfadar a unas personas con otras – 8 **un gentío** grupo de mucha gente – 12 **ventanera** *ant* mujer a quien gusta estar en la ventana para ver y ser vista – 13 **rompedor** que rompe, frena (un proceso) – 14 **un rumor** ruido confuso de mucha gente – 17 **desatar** dejar libre uc; *aquí:* hablar – 20 **adelantarse** pasar, ponerse por delante de up – 25 **suplicante** que suplica, pide humilde y respetuosamente

MARTIRIO: ¡De ninguna!

ADELA: ¡Él me quiere para su casa!

MARTIRIO: ¡He visto cómo te abrazaba!

5 ADELA: Yo no quería. He sido como arrastrada por una maroma.

MARTIRIO: ¡Primero muerta!

(Se asoman MAGDALENA *y* ANGUSTIAS. *Se siente crecer el tumulto.)*

LA PONCIA: *(entrando con* BERNARDA.*)* ¡Bernarda!

10 BERNARDA: ¿Qué ocurre?

LA PONCIA: La hija de la Librada, la soltera, tuvo un hijo no se sabe con quién.

ADELA: ¿Un hijo?

LA PONCIA: Y para ocultar su vergüenza lo mató y lo metió
15 debajo de unas piedras, pero unos perros con más corazón
que muchas criaturas lo sacaron, y como llevados por la
mano de Dios lo han puesto en el tranco de su puerta. Ahora
la quieren matar. La traen arrastrando por la calle abajo, y
por las trochas y los terrenos del olivar vienen los hombres
20 corriendo, dando unas voces que estremecen los campos.

BERNARDA: Sí, que vengan todos con varas de olivo y mangos de azadones, que vengan todos para matarla.

ADELA: No, no. Para matarla, no.

MARTIRIO: Sí, y vamos a salir también nosotras.

---

1 **de ninguna** él no será de ninguna – 5 **una maroma** cuerda (hilos muy anchos formando una unidad) de material duro (Seil) – 8 **un tumulto** ruido y movimiento de muchas personas – 16 **una criatura** *en religión* ser vivo, creado; especialmente el hombre – 17 **la mano de Dios** participación justiciera de Dios (en la versión de la ley del Talión) – 19 **una trocha** camino estrecho y difícil abierto en la naturaleza para llegar más rápido a un lugar – 20 **estremecer** hacer *temblar* (zittern) por el miedo – 21 **una vara** rama, madera larga y delgada – 21 **un mango** parte por la que se coge un instrumento – 22 **un azadón** instrumento para trabajar la tierra que sirve para romper y mover terrenos duros

BERNARDA: Y que pague la que pisotea la decencia.

(Fuera se oye un grito de mujer y un gran rumor.)

ADELA: ¡Que la dejen escapar! ¡No salgáis vosotras!

MARTIRIO: *(mirando a ADELA.)* ¡Que pague lo que debe!

5 BERNARDA: *(bajo el arco.)* ¡Acabad con ella antes que lleguen los guardias! ¡Carbón ardiendo en el sitio de su pecado!

ADELA: *(cogiéndose el vientre.)* ¡No! ¡No!

BERNARDA: ¡Matadla! ¡Matadla!

Telón.

---

1 **pisotear** menospreciar; "pisar", dañar y hacer violencia no respetando – 6 **un carbón** materia negra, sólida y ligera que enciende, produce mucho fuego (Kohle) – 6 **arder** estar uc encendida o produciendo fuego (quemándose) – 6 **un pecado** *en religión* ir contra la ley o voluntad de Dios; en general, apartarse de lo justo y debido

Acto tercero

Cuatro paredes blancas ligeramente azuladas del patio interior de la casa de Bernarda. Es de noche. El decorado ha de ser de una perfecta simplicidad. Las puertas iluminadas por la luz de
5 *los interiores dan un tenue fulgor a la escena.*

En el centro, una mesa con un quinqué, donde están comiendo BERNARDA *y* SUS HIJAS. LA PONCIA *las sirve.* PRUDENCIA *está sentada aparte.*

Al levantarse el telón hay un gran silencio, interrumpido por el
10 *ruido de platos y cubiertos.*

PRUDENCIA: Ya me voy. Os he hecho una visita larga. *(Se levanta.)*

BERNARDA: Espérate, mujer. No nos vemos nunca.

PRUDENCIA: ¿Han dado el último toque para el rosario?

15 LA PONCIA: Todavía no.

(PRUDENCIA se sienta.)

BERNARDA: ¿Y tu marido cómo sigue?

PRUDENCIA: Igual.

BERNARDA: Tampoco lo vemos.

20 PRUDENCIA: Ya sabes sus costumbres. Desde que se peleó con sus hermanos por la herencia no ha salido por la puerta de la calle. Pone una escalera y salta las tapias y el corral.

2 **azulado** con color azul o un tono cercano – 3 **un decorado** *en teatro* elementos con que se crea un ambiente en escena; en general, decoración – 4 **la simplicidad** carácter simple, sencillo – 4 **iluminado** recibe el efecto de la luz – 5 **tenue** suave, ligero, vago – 5 **un fulgor** claridad, brillo intenso – 6 **un quinqué** lámpara de mesa encendida con petróleo que tiene un tubo de cristal para guardar el fuego – 8 **aparte** a distancia, lejos – 9 **interrumpir** cortar, romper, frenar el curso o la continuidad de uc. La tensión creciente del silencio se consigue representar al mostrar las conversaciones "in media res" (en latín, a mitad del asunto), cuando ya han comenzado – 14 **un toque** golpe o sonido de campana para anunciar uc – 14 **un rosario** *en religión* celebrar rezando a Jesús y la Virgen María recordando misterios de su vida – 21 **una herencia** bienes o cosas que se heredan o reciben –normalmente– de un familiar. La historia del marido de Prudencia es una "mise en abîme" con elementos cómicos del drama de Bernarda Alba. Se trata de una figura retórica que en francés significa "puesta en abismo" (profundidad sin medida, sin fin) en la que se relaciona y sobrepone una narración dentro de otra

BERNARDA: Es un verdadero hombre. ¿Y con tu hija?

PRUDENCIA: No la ha perdonado.

BERNARDA: Hace bien.

PRUDENCIA: No sé qué te diga. Yo sufro por esto.

5 BERNARDA: Una hija que desobedece deja de ser hija para convertirse en una enemiga.

PRUDENCIA: Yo dejo que el agua corra. No me queda más consuelo que refugiarme en la iglesia, pero como me estoy quedando sin vista tendré que dejar de venir para que no 10 jueguen con una los chiquillos. *(Se oye un gran golpe dado en los muros.)* ¿Qué es eso?

BERNARDA: El caballo garañón, que está encerrado y da coces contra el muro. *(A voces.)* ¡Trabadlo y que salga al corral! *(En voz baja.)* Debe tener calor.

15 PRUDENCIA: ¿Vais a echarle las potras nuevas?

BERNARDA: Al amanecer.

PRUDENCIA: Has sabido acrecentar tu ganado.

BERNARDA: A fuerza de dinero y sinsabores.

LA PONCIA: *(interrumpiendo.)* Pero tiene la mejor manada de 20 estos contornos. Es una lástima que esté bajo de precio.

BERNARDA: ¿Quieres un poco de queso y miel?

---

4 **no sé qué te diga** *expresión coloq* para indicar desconfianza o inseguridad sobre lo que otros dicen – 5 **desobedecer** ≠ obedecer, hacer lo que dice up – 7 **dejar correr el agua** metáfora que indica que se deja a las cosas seguir su propio curso o recorrido natural – 8 **un consuelo** tranquilización, satisfacción dentro de una pena, situación difícil o adversa – 8 **refugiarse** buscar refugio o protección – 10 **un chiquillo** niño, chico pequeño. Se refiere a que jueguen burlándose de ella – 12 **garañón** (macho) semental, que se destina a la reproducción sexual (Zuchthengst) – 12 **una coz** golpe violento de un animal con alguna de las patas – 13 **trabar** coger y frenar, evitar que desarrolle su acción – 15 **echar** juntar animales machos y hembras para la generación sexual – 15 **una potra** yegua (hembra del caballo) hasta los cuatro años y medio de edad *aprox* – 17 **acrecentar** hacer crecer – 18 **a fuerza de** loc por (medio de) la intensidad, insistencia, repetición de uc – 18 **un sinsabor** *pl preferentemente* pesar, disgusto – 21 **la miel** sustancia dulce comestible que producen las *abejas* (Bienen)

PRUDENCIA: Estoy desganada.

(Se oye otra vez el golpe.)

LA PONCIA: ¡Por Dios!

PRUDENCIA: Me ha retemblado dentro del pecho.

5 BERNARDA: *(levantándose furiosa.)* ¿Hay que decir las cosas dos veces? ¡Echadlo que se revuelque en los montones de paja! *(Pausa, y como hablando con los gañanes.)* Pues encerrad las potras en la cuadra, pero dejadlo libre, no sea que nos eche abajo las paredes. *(Se dirige a la mesa y se*
10 *sienta otra vez.)* ¡Ay, qué vida!

PRUDENCIA: Bregando como un hombre.

BERNARDA: Así es. *(ADELA se levanta de la mesa.)* ¿Dónde vas?

ADELA: A beber agua.

15 BERNARDA: *(en voz alta.)* Trae un jarro de agua fresca. *(A ADELA.)* Puedes sentarte.

(ADELA se sienta.)

PRUDENCIA: Y Angustias, ¿cuándo se casa?

BERNARDA: Vienen a pedirla dentro de tres días.

20 PRUDENCIA: ¡Estarás contenta!

ANGUSTIAS: ¡Claro!

AMELIA: *(a MAGDALENA.)* Ya has derramado la sal.

MAGDALENA: Peor suerte que tienes no vas a tener.

AMELIA: Siempre trae mala sombra.

---

1 **desganado** que tiene desgana, que está sin ganas – 4 **retemblar** temblar con movimiento repetido, con fuerza insistente – 6 **revolcarse** echarse sobre uc y frotarse sobre ella; *vulg* practicar juegos eróticos, tener relaciones sexuales – 7 **la paja** Stroh – 9 **echar abajo** tirar, destruir – 11 **bregar** luchar hasta dominar, con mucho esfuerzo, dificultades y riesgos – 15 **un jarro** jarra – 19 **pedir** proponer a los padres de una mujer (o a sus parientes) el deseo de que acepten ofrecerla como esposa – 22 **derramar** tirar, dejar caer. Existe la creencia popular de que caer sal en la mesa es indicio de mala suerte – 24 **la sombra** *coloq* suerte, fortuna

BERNARDA: ¡Vamos!

PRUDENCIA: *(a* ANGUSTIAS.*)* ¿Te ha regalado ya el anillo?

ANGUSTIAS: Mírelo usted. *(Se lo alarga.)*

PRUDENCIA: Es precioso. Tres perlas. En mi tiempo las perlas
5   significaban lágrimas.

ANGUSTIAS: Pero ya las cosas han cambiado.

ADELA: Yo creo que no. Las cosas significan siempre lo
mismo. Los anillos de pedida deben ser de diamantes.

PRUDENCIA: Es más propio.

10 BERNARDA: Con perlas o sin ellas, las cosas son como uno se
las propone.

MARTIRIO: O como Dios dispone.

PRUDENCIA: Los muebles me han dicho que son preciosos.

BERNARDA: Dieciséis mil reales he gastado.

15 LA PONCIA *(interviniendo.)* Lo mejor es el armario de luna.

PRUDENCIA: Nunca vi un mueble de estos.

BERNARDA: Nosotras tuvimos arca.

PRUDENCIA: Lo preciso es que todo sea para bien.

ADELA: Que nunca se sabe.

20 BERNARDA: No hay motivo para que no lo sea.

(Se oyen lejanísimas unas campanas.)

PRUDENCIA: El último toque. *(A* ANGUSTIAS.*)* Ya vendré a
que me enseñes la ropa.

---

3 **alargar** estirar para alcanzar, acercar uc a up – 5 **una lágrima** lloro, lamento –
8 **una pedida** petición de mano, pedir a una mujer por esposa – 9 **propio** adecuado,
apropiado – 12 **disponer** determinar, mandar lo que ha de hacerse. Martirio hace
referencia al *refrán popular* "**el hombre propone y Dios dispone**": se puede tener
planes y trabajar por cumplir los deseos pero solo Dios permite que sean realidad –
14 **un real** moneda equivalente a 25 céntimos de peseta (antigua unidad monetaria
española) – 15 **intervenir** tomar parte en un asunto, participar en una conversación –
15 **un armario de luna** armario con espejos en cada puerta de un tamaño suficiente
para reflejar a up de cuerpo entero – 18 **preciso** necesario, fundamental

ANGUSTIAS: Cuando usted quiera.

PRUDENCIA: Buenas noches nos dé Dios.

BERNARDA: Adiós, Prudencia.

LAS CINCO A LA VEZ: Vaya usted con Dios.

5 *(Pausa. Sale PRUDENCIA.)*

BERNARDA: Ya hemos comido. *(Se levantan.)*

ADELA: Voy a llegarme hasta el portón para estirar las piernas y tomar un poco de fresco.

(MAGDALENA se sienta en una silla baja retrepada contra la
10 *pared.)*

AMELIA: Yo voy contigo.

MARTIRIO: Y yo.

ADELA: *(con odio contenido.)* No me voy a perder.

AMELIA: La noche quiere compaña.

15 *(Salen. BERNARDA se sienta y ANGUSTIAS está arreglando la mesa.)*

BERNARDA: Ya te he dicho que quiero que hables con tu hermana Martirio. Lo que pasó del retrato fue una broma y lo debes olvidar.

20 ANGUSTIAS: Usted sabe que ella no me quiere.

BERNARDA: Cada uno sabe lo que piensa por dentro. Yo no me meto en los corazones, pero quiero buena fachada y armonía familiar. ¿Lo entiendes?

ANGUSTIAS: Sí.

2 nos dé Dios saludo; presencia de Dios frecuente en todas las lenguas para expresar buenos deseos al saludar – 4 **(vaya, quede) con Dios** expresión usada para despedirse (como "adiós") – 7 **llegarse** ir a un sitio determinado que está cerca – 7 **estirar** extender, mover brazos o piernas dormidos por haber estado quietos mucho rato, para "despertarlos" – 8 **tomar up el fresco** *loc* ponerse en algún lugar para disfrutar del fresco, frío moderado y agradable (sobre todo a primera hora de la mañana o última de la tarde) – 9 **retrepado** inclinado, echado – 14 **la compaña** *ant* compañía, estar acompañado – 22 **una fachada** *fig* aspecto exterior que se ofrece a la vista y al qué dirán, al comentario de la gente

BERNARDA: Pues ya está.

MAGDALENA: *(casi dormida.)* Además, ¡si te vas a ir antes de nada! *(Se duerme.)*

ANGUSTIAS: Tarde me parece.

5 BERNARDA: ¿A qué hora terminaste anoche de hablar?

ANGUSTIAS: A las doce y media.

BERNARDA: ¿Qué cuenta Pepe?

ANGUSTIAS: Yo lo encuentro distraído. Me habla siempre como pensando en otra cosa. Si le pregunto qué le pasa, me
10 contesta: «Los hombres tenemos nuestras preocupaciones.»

BERNARDA: No le debes preguntar. Y cuando te cases, menos. Habla si él habla y míralo cuando te mire. Así no tendrás disgustos.

ANGUSTIAS: Yo creo, madre, que él me oculta muchas cosas.

15 BERNARDA: No procures descubrirlas, no le preguntes y, desde luego, que no te vea llorar jamás.

ANGUSTIAS: Debía estar contenta y no lo estoy.

BERNARDA: Eso es lo mismo.

ANGUSTIAS: Muchas veces miro a Pepe con mucha fijeza y se
20 me borra a través de los hierros, como si lo tapara una nube de polvo de las que levantan los rebaños.

BERNARDA: Eso son cosas de debilidad.

ANGUSTIAS: ¡Ojalá!

BERNARDA: ¿Viene esta noche?

25 ANGUSTIAS: No. Fue con su madre a la capital.

BERNARDA: Así nos acostaremos antes. ¡Magdalena!

---

3 **antes de nada** *loc* en primer lugar, lo más importante; *aquí:* antes de que pase nada de tiempo, muy pronto – 8 **distraído** que por falta de atención no se da cuenta completamente de sus palabras o lo que pasa a su alrededor – 13 **un disgusto** fastidio, enfado, pena, decepción – 19 **la fijeza** firmeza, continuidad, carácter fijo – 20 **borrar** hacer desaparecer – 21 **un rebaño** manada o grupo de animales, preferentemente ovejas – 22 **la debilidad** ≠ fortaleza, cualidad de fuerte

ANGUSTIAS: Está dormida.

(Entran ADELA, MARTIRIO y AMELIA.)

AMELIA: ¡Qué noche más oscura!

ADELA: No se ve a dos pasos de distancia.

5 MARTIRIO: Una buena noche para ladrones, para el que necesita escondrijo.

ADELA: El caballo garañón estaba en el centro del corral. ¡Blanco! Doble de grande, llenando todo lo oscuro.

AMELIA: Es verdad. Daba miedo. Parecía una aparición.

10 ADELA: Tiene el cielo unas estrellas como puños.

MARTIRIO: Esta se puso a mirarlas de modo que se iba a tronchar el cuello.

ADELA: ¿Es que no te gustan a ti?

MARTIRIO: A mí las cosas de tejas arriba no me importan
15 nada. Con lo que pasa dentro de las habitaciones tengo bastante.

ADELA: Así te va a ti.

BERNARDA: A ella le va en lo suyo como a ti en lo tuyo.

ANGUSTIAS: Buenas noches.

20 ADELA: ¿Ya te acuestas?

ANGUSTIAS: Sí. Esta noche no viene Pepe. *(Sale.)*

ADELA: Madre, ¿por qué cuando se corre una estrella o luce un relámpago se dice:

---

4 **un paso** espacio que se recorre sucesivamente con los pies al andar – 5 **un ladrón** up que roba o quita a otros lo que no le pertenece – 6 **un escondrijo** lugar propio para esconderse del exterior – 10 **como puños** *loc coloq* para resaltar que es muy grande uc que normalmente es pequeña – 12 **tronchar** romper, partir uc con violencia (*p ej* al doblarla mucho) – 14 **de tejas arriba** *loc coloq* en el cielo; según causas sobrenaturales (*p ej* milagrosas) – 18 **lo suyo** sus cosas, asuntos; la frase completa expresa que debe preocuparse de lo suyo propio y no de lo de los demás – 22 **correr** mover, desplazar, cambiar de lugar. Se refiere a una estrella fugaz, que se mueve a gran velocidad y se apaga rápido – 22 **lucir** brillar, dar luz, iluminar – 23 **un relámpago** chispa de luz momentánea producida por electricidad en las nubes

Santa Bárbara bendita,
que en el cielo estás escrita
con papel y agua bendita?

BERNARDA: Los antiguos sabían muchas cosas que hemos
5 olvidado.

AMELIA: Yo cierro los ojos para no verlas.

ADELA: Yo, no. A mí me gusta ver correr lleno de lumbre lo
que está quieto y quieto años enteros.

MARTIRIO: Pero estas cosas nada tienen que ver con nosotros.

10 BERNARDA: Y es mejor no pensar en ellas.

ADELA: ¡Qué noche más hermosa! Me gustaría quedarme
hasta muy tarde para disfrutar el fresco del campo.

BERNARDA: Pero hay que acostarse. ¡Magdalena!

AMELIA: Está en el primer sueño.

15 BERNARDA: ¡Magdalena!

MAGDALENA: *(disgustada.)* ¡Déjame en paz!

BERNARDA: ¡A la cama!

MAGDALENA: *(levantándose malhumorada.)* ¡No la dejáis a
una tranquila! *(Se va refunfuñando.)*

20 AMELIA: Buenas noches. *(Se va.)*

BERNARDA: Andar vosotras también.

MARTIRIO: ¿Cómo es que esta noche no viene el novio de
Angustias?

BERNARDA: Fue de viaje.

25 MARTIRIO: *(mirando a* ADELA.*)* ¡Ah!

---

1 **Santa Bárbara** tiene poder sobre las tormentas, según la leyenda. Con versos populares como éstos se le pide para que proteja del mal tiempo y sus efectos negativos sobre la producción agrícola. – 7 **la lumbre** fuego, fulgor, llama – 14 **el primer sueño** *coloq* primera fase o estadio del sueño, al comenzar – 18 **malhumorado** que está de mal humor – 19 **refunfuñar** quejarse hablando sin articular o confusamente – 25 **¡Ah!** *interj aquí:* expresa que se entiende o acepta lo que up dice

ADELA: Hasta mañana. *(Sale.)*

(MARTIRIO *bebe agua y sale lentamente, mirando hacia la puerta del corral.)*

LA PONCIA: *(saliendo.)* ¿Estás todavía aquí?

5 BERNARDA: Disfrutando este silencio y sin lograr ver por parte alguna «la cosa tan grande» que aquí pasa, según tú.

LA PONCIA: Bernarda, dejemos esa conversación.

BERNARDA: En esta casa no hay ni un sí ni un no. Mi vigilancia lo puede todo.

10 LA PONCIA: No pasa nada por fuera. Eso es verdad. Tus hijas están y viven como metidas en alacenas. Pero ni tú ni nadie puede vigilar por el interior de los pechos.

BERNARDA: Mis hijas tienen la respiración tranquila.

LA PONCIA: Eso te importa a ti, que eres su madre. A mí, con
15 servir tu casa tengo bastante.

BERNARDA: Ahora te has vuelto callada.

LA PONCIA: Me estoy en mi sitio, y en paz.

BERNARDA: Lo que pasa es que no tienes nada que decir. Si en esta casa hubiera hierbas ya te encargarías de traer a
20 pastar las ovejas del vecindario.

LA PONCIA: Yo tapo más de lo que te figuras.

BERNARDA: ¿Sigue tu hijo viendo a Pepe a las cuatro de la mañana? ¿Siguen diciendo todavía la mala letanía de esta casa?

25 LA PONCIA: No dicen nada.

---

8 **no hay ni un sí ni un no** expresa su autoritarismo, ya que no existe la libertad de decisión, todo está bajo su poder – 9 **la vigilancia** cuidado y atención exacta de las cosas que son responsabilidad de uno – 11 en el manuscrito original Lorca escribió *aquí:* "nichos" (sinónimo de "tumbas") en lugar de „alacenas"; lo cambió por ser quizá demasiado explícito – 20 **pastar** comer, alimentarse de la hierba del campo – 20 **un vecindario** comunidad de vecinos de un pueblo, ciudad, etc – 23 **una letanía** *coloq* insistir larga y repetidamente con una serie de comentarios

BERNARDA: Porque no pueden. Porque no hay carne donde morder. A la vigilancia de mis ojos se debe esto.

LA PONCIA: Bernarda, yo no quiero hablar porque temo tus intenciones. Pero no estés segura.

5 BERNARDA: ¡Segurísima!

LA PONCIA: A lo mejor, de pronto, cae un rayo. A lo mejor, de pronto, un golpe de sangre te para el corazón.

BERNARDA: Aquí no pasa nada. Ya estoy alerta contra tus suposiciones.

10 LA PONCIA: Pues mejor para ti.

BERNARDA: ¡No faltaba más!

CRIADA: *(entrando.)* Ya terminé de fregar los platos. ¿Manda usted algo, Bernarda?

BERNARDA: *(levantándose.)* Nada. Voy a descansar.

15 LA PONCIA: ¿A qué hora quieres que te llame?

BERNARDA: A ninguna. Esta noche voy a dormir bien.

(Se va.)

LA PONCIA: Cuando una no puede con el mar lo más fácil es volver las espaldas para no verlo.

20 CRIADA: Es tan orgullosa que ella misma se pone una venda en los ojos.

LA PONCIA: Yo no puedo hacer nada. Quise atajar las cosas, pero ya me asustan demasiado. ¿Tú ves este silencio? Pues hay una tormenta en cada cuarto. El día que estallen nos
25 barrerán a todos. Yo he dicho lo que tenía que decir.

6 **un rayo** chispa eléctrica de luz en el cielo – 7 **un golpe de sangre** *ant* obstrucción de la sangre, infarto – 8 **alerta** atento, vigilante (frente a un peligro o ataque) – 9 **una suposición** acción y efecto de suponer; *aquí*: falsedad, mentira – 11 **no faltaba más** *expresión* da por supuesto lo que otra persona dice rechazando como absurda la alternativa contraria – 19 **cuando no se puede con el mar lo más fácil es volver la espalda para no verlo** expresa metafóricamente la tendencia que hay a no querer enfrentar uc o situación fuerte y poderosa para no reconocer que puede con uno – 20 **una venda** banda, tira que cubre uc – 22 **atajar** cortar, detener, interumpir un proceso – 23 **asustar** dar miedo, producir temor – 25 **barrer** llevarse todo lo que hay en un lugar, no dejando nada de lo que había

CRIADA: Bernarda cree que nadie puede con ella y no sabe la fuerza que tiene un hombre entre mujeres solas.

LA PONCIA: No es toda la culpa de Pepe el Romano. Es verdad que el año pasado anduvo detrás de Adela y esta estaba loca por él, pero ella debió estarse en su sitio y no provocarlo. Un hombre es un hombre.

CRIADA: Hay quien cree que habló muchas veces con Adela.

LA PONCIA: Es verdad. *(En voz baja.)* Y otras cosas.

CRIADA: No sé lo que va a pasar aquí.

LA PONCIA: A mí me gustaría cruzar el mar y dejar esta casa de guerra.

CRIADA: Bernarda está aligerando la boda y es posible que nada pase.

LA PONCIA: Las cosas se han puesto ya demasiado maduras. Adela está decidida a lo que sea y las demás vigilan sin descanso.

CRIADA: ¿Y Martirio también?

LA PONCIA: Esa es la peor. Es un pozo de veneno. Ve que el Romano no es para ella y hundiría el mundo si estuviera en su mano.

CRIADA: ¡Es que son malas!

LA PONCIA: Son mujeres sin hombre, nada más. En estas cuestiones se olvida hasta la sangre. ¡Chisss! *(Escucha.)*

CRIADA: ¿Qué pasa?

LA PONCIA *(se levanta.)* Están ladrando los perros.

CRIADA: Debe haber pasado alguien por el portón.

(Sale ADELA en enaguas blancas y corpiño.)

---

12 aligerar hacer más breve o rápido – **14 maduro** desarrollado, formado – **15 lo que sea** *elipsis* para "lo que sea necesario", haga falta; o "para lo que sea que haya pensado", que sea su plan – **19 hundir** *fig* destruir, convertir en ruina – **20 estar uc en mano de up** *loc* depender de su elección o decisión – **23 hasta** incluso – **23 la sangre** unión, relación familiar – **25 ladrar los perros por la noche** existe una creencia popular que dice que es indicio, señal de mala suerte – **27 un corpiño** blusa sin la parte de los brazos, ajustada al cuerpo y abierta al cuello y busto de la mujer

LA PONCIA: ¿No te habías acostado?

ADELA: Voy a beber agua. *(Bebe en un vaso de la mesa.)*

LA PONCIA: Yo te suponía dormida.

ADELA: Me despertó la sed. Y vosotras, ¿no descansáis?

5 CRIADA: Ahora.

(Sale ADELA.)

LA PONCIA: Vámonos.

CRIADA: Ganado tenemos el sueño. Bernarda no me deja
descansar en todo el día.

10 LA PONCIA: Llévate la luz.

CRIADA: Los perros están como locos.

LA PONCIA: No nos van a dejar dormir. *(Salen.)*

*(La escena queda casi a oscuras. Sale MARÍA JOSEFA con una
oveja en los brazos.)*

15 MARÍA JOSEFA: Ovejita, niño mío,
vámonos a la orilla del mar.
La hormiguita estará en su puerta,
yo te daré la teta y el pan.
Bernarda,
20 cara de leoparda.
Magdalena,
cara de hiena.
¡Ovejita!
Meee, meeee.
25 Vamos a los ramos del portal de Belén.
Ni tú ni yo queremos dormir;
la puerta sola se abrirá
en la playa nos meteremos

---

17 **una hormiga** *dim* insecto muy trabajador y social (Ameise). Representa lo simple y
puro, concentrado en su actividad, frente a los animales crueles que se mencionan a
continuación – 18 **una teta** pecho; leche que produce este órgano – 24 **meeee** *onom*
simula el sonido que emiten, producen las ovejas – 25 **un ramo** grupo de ramas, flores
o hierbas – 25 **el portal de Belén** lugar donde nació Jesús; escena que representa el
nacimiento de Dios

en una choza de coral.
Bernarda,
cara de leoparda.
Magdalena,
5 cara de hiena.
¡Ovejita!
Meee, meeee.
Vamos a los ramos del portal de Belén.

(Se va cantando.)

10 *(Entra* ADELA. *Mira a un lado y otro con sigilo y desaparece por la puerta del corral. Sale* MARTIRIO *por otra puerta y queda en angustioso acecho en el centro de la escena. También va en enaguas. Se cubre con un pequeño mantón negro de talle. Sale por enfrente de ella* MARÍA JOSEFA.*)*

15 MARTIRIO: Abuela, ¿dónde va usted?

MARÍA JOSEFA: ¿Vas a abrirme la puerta? ¿Quién eres tú?

MARTIRIO: ¿Cómo está aquí?

MARÍA JOSEFA: Me escapé. ¿Tú quién eres?

MARTIRIO: Vaya a acostarse.

20 MARÍA JOSEFA: Tú eres Martirio, ya te veo. Martirio, cara de Martirio. ¿Y cuándo vas a tener un niño? Yo he tenido este.

MARTIRIO: ¿Dónde cogió esa oveja?

MARÍA JOSEFA: Ya sé que es una oveja. Pero ¿por qué una oveja no va a ser un niño? Mejor es tener una oveja que no
25 tener nada. Bernarda, cara de leoparda. Magdalena, cara de hiena.

MARTIRIO: No dé voces.

---

1 **un coral** animal que vive en el mar con esqueleto externo de color rojo y rosado; forma bancos o colonias – 10 **el sigilo** silencio cuidadoso, disimulo, secreto – 12 **angustioso** intranquilo, estresante, temeroso – 12 **el acecho** observar, esperar cuidadosamente con algún propósito – 13 **un mantón** pañuelo grande que se echa sobre los hombros – 14 **un talle** medida para un vestido (*aquí:* mantón) desde el cuello hasta el talle, por delante y por detrás. Martirio está cubierta por el negro frente al blanco que ofrece la media desnudez de Adela

MARÍA JOSEFA: Es verdad. Está todo muy oscuro. Como tengo
el pelo blanco crees que no puedo tener crías, y sí, crías y
crías y crías. Este niño tendrá el pelo blanco y tendrá otro
niño y éste otro, y todos con el pelo de nieve, seremos como
5   las olas, una y otra y otra. Luego nos sentaremos todos y
todos tendremos el cabello blanco y seremos espuma. ¿Por
qué aquí no hay espumas? Aquí no hay más que mantos de
luto.

MARTIRIO: Calle, calle.

10 MARÍA JOSEFA: Cuando mi vecina tenía un niño yo le llevaba
chocolate y luego ella me lo traía a mí y así siempre,
siempre, siempre. Tú tendrás el pelo blanco, pero no
vendrán las vecinas. Yo tengo que marcharme, pero tengo
miedo que los perros me muerdan. ¿Me acompañarás tú a
15 salir al campo? Yo quiero campo. Yo quiero casas, pero casas
abiertas y las vecinas acostadas en sus camas con sus niños
chiquitos y los hombres fuera sentados en sus sillas. Pepe el
Romano es un gigante. Todas lo queréis. Pero él os va a
devorar porque vosotras sois granos de trigo. No granos de
20 trigo, no. ¡Ranas sin lengua!

MARTIRIO: Vamos. Váyase a la cama. *(La empuja.)*

MARÍA JOSEFA: Sí, pero luego tú me abrirás, ¿verdad?

MARTIRIO: De seguro.

MARÍA JOSEFA: *(llorando.)* Ovejita, niño mío,
25 vámonos a la orilla del mar.
La hormiguita estará en su puerta,
yo te daré la teta y el pan.

(MARTIRIO cierra la puerta por donde ha salido MARÍA
JOSEFA y se dirige a la puerta del corral. Allí vacila, pero
30 *avanza dos pasos más.)*

4 **la nieve** *lit poético* del color de la nieve, blanquísimo – 6 **la espuma** *burbujas* (Blase)
que se forman en la superficie de un líquido, *p ej* en el cava – 19 **devorar** comer
rápidamente, sin apenas utilizar los dientes – 19 **un grano de trigo** *fig* símbolo de
fertilidad, fecundidad – 20 **una rana** animal que vive en lagunas, aguas que no se
mueven, sin salida, cerradas (Frosch) – 20 **sin lengua** *fig aprox* no pueden expresarse
por el silencio que asfixia, deja sin respiración – 21 **empujar** hacer presión para mover
uc o up – 23 **de seguro** *loc* ciertamente, en verdad, efectivamente – 29 **dirigirse** ir up en
una dirección – 29 **vacilar** dudar

MARTIRIO: *(en voz baja.)* Adela. *(Pausa. Avanza hasta la misma puerta. En voz alta.)* ¡Adela! *(Aparece* ADELA. *Viene un poco despeinada.)*

ADELA: ¿Por qué me buscas?

5 MARTIRIO: ¡Deja a ese hombre!

ADELA: ¿Quién eres tú para decírmelo?

MARTIRIO: No es ese el sitio de una mujer honrada.

ADELA: ¡Con qué ganas te has quedado de ocuparlo!

MARTIRIO: *(en voz alta.)* Ha llegado el momento de que yo
10 hable. Esto no puede seguir así.

ADELA: Esto no es más que el comienzo. He tenido fuerza para adelantarme. El brío y el mérito que tú no tienes. He visto la muerte debajo de estos techos y he salido a buscar lo que era mío, lo que me pertenecía.

15 MARTIRIO: Ese hombre sin alma vino por otra. Tú te has atravesado.

ADELA: Vino por el dinero, pero sus ojos los puso siempre en mí.

MARTIRIO: Yo no permitiré que lo arrebates. El se casará con Angustias.

20 ADELA: Sabes mejor que yo que no la quiere.

MARTIRIO: Lo sé.

ADELA: Sabes, porque lo has visto, que me quiere a mí.

MARTIRIO: *(despechada.)* Sí.

ADELA: *(acercándose.)* Me quiere a mí. Me quiere a mí.

25 MARTIRIO: Clávame un cuchillo si es tu gusto, pero no me lo digas más.

---

3 **despeinado** con el pelo sin peinar o arreglar, revuelto – 7 **honrado** de moral firme, honorable, decente – 8 **ocupar** tomar posesión de un lugar (que pudo ser de otra persona) – 12 **el brío** ímpetu, fuerza, resolución – 16 **atravesarse** ponerse en medio de otros evitando que siga entre ellos uc su curso normal – 19 **arrebatar** quitar, robar con violencia – 23 **despechado** con odio por la decepción de no lograr cumplir los deseos; desesperado – 25 **clavar** meter dentro, introducir a golpes – 25 **un gusto** voluntad propia, determinación, deseo

ADELA: Por eso procuras que no vaya con él. No te importa que abrace a la que no quiere; a mí, tampoco. Ya puede estar cien años con Angustias, pero que me abrace a mí se te hace terrible, porque tú lo quieres también, lo quieres.

5 MARTIRIO: *(dramática.)* ¡Sí! Déjame decirlo con la cabeza fuera de los embozos. ¡Sí! Déjame que el pecho se me rompa como una granada de amargura. ¡Le quiero!

ADELA: *(en un arranque y abrazándola.)* Martirio, Martirio, yo no tengo la culpa.

10 MARTIRIO: ¡No me abraces! No quieras ablandar mis ojos. Mi sangre ya no es la tuya. Aunque quisiera verte como hermana, no te miro ya más que como mujer. *(La rechaza.)*

ADELA: Aquí no hay ningún remedio. La que tenga que ahogarse que se ahogue. Pepe el Romano es mío. Él me lleva
15 a los juncos de la orilla.

MARTIRIO: ¡No será!

ADELA: Ya no aguanto el horror de estos techos después de haber probado el sabor de su boca. Seré lo que él quiera que sea. Todo el pueblo contra mí, quemándome con sus dedos
20 de lumbre, perseguida por los que dicen que son decentes, y me pondré la corona de espinas que tienen las que son queridas de algún hombre casado.

MARTIRIO: ¡Calla!

ADELA: Sí. Sí. *(En voz baja.)* Vamos a dormir, vamos a dejar
25 que se case con Angustias, ya no me importa, pero yo me iré

---

6 **(con la cabeza) fuera de los embozos** *loc coloq* manifestar de forma descubierta, sin disimulo, una intención que antes se ocultaba – 7 **una granada** fruta muy roja, con mucho zumo; simboliza herida y muerte – 7 **la amargura** tristeza, pena, disgusto – 8 **un arranque** reacción impetuosa que no se esperaba – 10 **ablandar** suavizar, dulcificar; calmar – 14 **ahogarse** morir por falta de respiración (*p ej* debajo del agua) – 15 **un junco** planta de *tallo* (Stängel) no muy alto, fino y flexible que crece en lugares con mucha agua (Halm) – 20 **un dedo de lumbre** *aquí: fig* dedo acusador de los otros que, señalando, hace daño, "quema" (recuerda quizá el caso de la Librada) – 21 **una corona de espinas** como la de Jesucristo en su martirio; Cristo sufrió por amor y desde una ética surrealista, además, el amor es siempre puro y libre de culpa – 22 **una querida** mujer que tiene relaciones amorosas con un hombre no permitidas por la ley o moral

a una casita sola donde él me verá cuando quiera, cuando le venga en gana.

MARTIRIO: Eso no pasará mientras yo tenga una gota de sangre en el cuerpo.

5 ADELA: No a ti, que eres débil; a un caballo encabritado soy capaz de poner de rodillas con la fuerza de mi dedo meñique.

MARTIRIO: No levantes esa voz que me irrita. Tengo el corazón lleno de una fuerza tan mala, que, sin quererlo yo, a
10 mí misma me ahoga.

ADELA: Nos enseñan a querer a las hermanas. Dios me ha debido dejar sola en medio de la oscuridad, porque te veo como si no te hubiera visto nunca.

(Se oye un silbido y ADELA *corre a la puerta, pero* MARTIRIO
15 *se le pone delante.)*

MARTIRIO: ¿Dónde vas?

ADELA: ¡Quítate de la puerta!

MARTIRIO: ¡Pasa si puedes!

ADELA: ¡Aparta! *(Lucha.)*

20 MARTIRIO: *(a voces.)* ¡Madre, madre!

(Aparece BERNARDA. *Sale en enaguas, con un mantón negro.)*

BERNARDA: Quietas, quietas. ¡Qué pobreza la mía, no poder tener un rayo entre los dedos!

---

1 **venir en gana uc a up** *loc coloq* tener ganas, surgir el deseo de hacer uc en un momento determinado – 3 **mientas tenga una gota de sangre** *fig* será así mientras esté viva; luchará con todas sus fuerza en su contra – 5 **encabritado** levantado, con las patas hacia arriba, puesto de pie con ímpetu – 6 **poner de rodillas** *fig* dominar, humillar a up venciéndola; obligar a que se ponga sobre sus *rodillas* (Knie) – 7 **un meñique** dedo más pequeño y débil – 8 **irritar** molestar; hacer sentir rabia, odio – 14 **un silbido** sonido agudo que se produce al pasar aire por los labios teniéndolos apretados (a veces con ayuda, además, de los dedos puestos de forma adecuada) – 24 **un rayo entre los dedos** representación típica de Zeus, el dios padre y el más poderoso de la mitología griega; el rayo puede matar y expresa su capacidad de decidir sobre lo que ocurre de forma cruel

MARTIRIO: *(señalando a* ADELA.*)* ¡Estaba con él! ¡Mira esas enaguas llenas de paja de trigo!

BERNARDA: ¡Esa es la cama de las mal nacidas! *(Se dirige furiosa hacia* ADELA.*)*

5 ADELA: *(haciéndole frente.)* ¡Aquí se acabaron las voces de presidio! (ADELA *arrebata un bastón a su madre y lo parte en dos.)* Esto hago yo con la vara de la dominadora. No dé usted un paso más. En mí no manda nadie más que Pepe.

MAGDALENA: *(saliendo.)* ¡Adela!

10 *(Salen* LA PONCIA *y* ANGUSTIAS.*)*

ADELA: Yo soy su mujer. *(A* ANGUSTIAS.*)* Entérate tú y ve al corral a decírselo. Él dominará toda esta casa. Ahí fuera está, respirando como si fuera un león.

ANGUSTIAS: ¡Dios mío!

15 BERNARDA: ¡La escopeta! ¿Dónde está la escopeta? *(Sale corriendo.)*

(Sale detrás MARTIRIO. *Aparece* AMELIA *por el fondo, que mira aterrada con la cabeza sobre la pared.)*

ADELA: ¡Nadie podrá conmigo! *(Va a salir.)*

20 ANGUSTIAS: *(sujetándola.)* De aquí no sales tú con tu cuerpo en triunfo, ¡Ladrona! ¡Deshonra de nuestra casa!

MAGDALENA: ¡Déjala que se vaya donde no la veamos nunca más!

(Suena un disparo.)

---

3 **mal nacido** *loc* que merece menosprecio; indeseable – 5 **hacer frente** *loc coloq* enfrentarse, resistir a la autoridad de up – 6 **un presidio** cárcel – 6 **un bastón** vara para apoyarse al andar; *aquí:* símbolo de mando y autoridad (también de masculinidad) – 7 **dominador** que domina y tiene deseo de dominio; por eso, con tendencia a la tiranía – 13 **respirar como un león** expresa fuerza y deseo de poder, pues es el rey de la selva. Adela ha vivido como una esclava y parece saber liberarse sólo entregándose a up – 15 **una escopeta** arma de fuego utilizada frecuentemente para cazar (*aquí:* símbolo del poder basado en la violencia) – 18 **aterrado** con terror, pánico, miedo muy intenso – 21 **(salir con el cuerpo) en triunfo** *loc coloq* salir ganando después de haber gozado de sus deseos personales sin preocuparse por las consecuencias, que deberían haber sido negativas – 21 **una deshonra** deshonor, vergüenza – 24 **un disparo** efecto producido por un *arma* (Waffe) de fuego al salir el proyectil

BERNARDA: *(entrando.)* Atrévete a buscarlo ahora.

MARTIRIO: *(entrando.)* Se acabó Pepe el Romano.

ADELA: ¡Pepe! ¡Dios mío! ¡Pepe! *(Sale corriendo.)*

LA PONCIA: ¿Pero lo habéis matado?

5 MARTIRIO: No. Salió corriendo en su jaca.

BERNARDA: No fue culpa mía. Una mujer no sabe apuntar.

MAGDALENA: ¿Por qué lo has dicho entonces?

MARTIRIO: ¡Por ella! Hubiera volcado un río de sangre sobre su cabeza.

10 LA PONCIA: Maldita.

MAGDALENA: ¡Endemoniada!

BERNARDA: Aunque es mejor así. *(Suena un golpe.)* ¡Adela, Adela!

LA PONCIA: *(en la puerta.)* ¡Abre!

15 BERNARDA: Abre. No creas que los muros defienden de la vergüenza.

CRIADA: *(entrando.)* ¡Se han levantado los vecinos!

BERNARDA: *(en voz baja como un rugido.)* ¡Abre, porque echaré abajo la puerta! *(Pausa. Todo queda en silencio.)*

20 ¡Adela! *(Se retira de la puerta.)* ¡Trae un martillo!

(LA PONCIA da un empujón y entra. Al entrar da un grito y sale.) ¿Qué?

LA PONCIA: *(se lleva las manos al cuello.)* ¡Nunca tengamos ese fin!

---

1 **atreverse** animarse, tener valor, decidirse a hacer uc *arriesgada* (→ riesgo) –
6 **apuntar** dirigir un arma de fuego hacia un punto determinado u objetivo – 8 **echar sangre sobre up** ofensa gravísima en la tradición literaria – 11 **endemoniado** poseído por el demonio – 18 **un rugido** ruido que produce el león – 20 **un martillo** instrumento para golpear (Hammer)

(Las HERMANAS *se echan hacia atrás. La criada se santigua. Bernarda da un grito y avanza.)*

LA PONCIA: ¡No entres!

BERNARDA: No. ¡Yo no! Pepe, tú irás corriendo vivo por lo
5 oscuro de las alamedas, pero otro día caerás. ¡Descolgarla!
¡Mi hija ha muerto virgen! Llevadla a su cuarto y vestirla
como una doncella. ¡Nadie diga nada! Ella ha muerto virgen.
Avisad que al amanecer den dos clamores las campanas.

MARTIRIO: Dichosa ella mil veces que lo pudo tener.

10 BERNARDA: Y no quiero llantos. La muerte hay que mirarla
cara a cara. ¡Silencio! *(A otra* HIJA.*)* ¡A callar he dicho! *(A otra*
HIJA.*)* ¡Las lágrimas cuando estés sola! Nos hundiremos
todas en un mar de luto. Ella, la hija menor de Bernarda
Alba, ha muerto virgen. ¿Me habéis oído? ¡Silencio, silencio
15 he dicho! ¡Silencio!

Telón.

(Día viernes 19 de junio de 1936)

---

5 **una alameda** paseo con *álamos* (Pappel) o grupo de estos árboles altos y de madera blanca – 5 **descolgar** quitar del lugar donde *cuelga* (hängt); Adela se ha suicidado colgándose del cuello, quedando sin respiración – 7 **una doncella** *lit* joven virgen, que no ha tenido relaciones sexuales. Se las vestía de blanco al morir como símbolo de pureza – 9 **dichoso** feliz, satisfecho, afortunado – 12 **hundirse** meterse debajo del agua, caer al fondo; *fig* destruirse, convertirse en ruina

Federico García Lorca

El autor y su obra

Federico García Lorca (Fuentevaqueros, 5 de junio de 1898 – Víznar, 19 de agosto de 1936). Poeta y dramaturgo español.

En 1915 comienza a estudiar Filosofía y Letras, así como Derecho, en la Universidad de Granada. Forma parte de El Rinconcillo, centro de reunión de los artistas granadinos, donde conoce a Manuel de Falla. Entre 1916 y 1917 realiza una serie de viajes por España con sus compañeros de estudios, conociendo a Antonio Machado. En 1919 se traslada a Madrid y se instala en la Residencia de Estudiantes, coincidiendo con numerosos literatos e intelectuales.

Junto a un grupo de intelectuales granadinos funda en 1928 la revista *Gallo*, de la que sólo salen dos ejemplares. En 1929 viaja a Nueva York y a Cuba. Dos años después funda el grupo teatral universitario La Barraca, para acercar el teatro al pueblo, y en 1936 vuelve a Granada donde es detenido y fusilado por sus ideas liberales.

Escribe tanto poesía como teatro, si bien en los últimos años se volcó más a este último, participando no sólo en su creación sino también en la escenificación y el montaje. En sus primeros libros de poesía se muestra más bien modernista, siguiendo la estela de Antonio Machado, Rubén Darío y Salvador Rueda. En una segunda etapa aúna el Modernismo con la Vanguardia, partiendo de una base tradicional.

En cuanto a su labor teatral, Lorca emplea rasgos líricos, míticos y simbólicos, y recurre tanto a la canción popular como a la desmesura calderoniana o al teatro de títeres. En su teatro lo visual es tan importante como lo lingüístico, y predomina siempre el dramatismo.

En la actualidad Federico García Lorca es el poeta español más leído de todos los tiempos.

Abreviaturas y símbolos

aquí:	=	señala un significado específico de la palabra en el contexto
and	=	andalucismo, expresión típica del español de Andalucía
Am	=	americanismo, expresión típica del español de América
ant	=	antiguo, que ya no se usa en el español actual
aprox	=	aproximadamente
aum	=	aumentativo
can	=	canarismo, expresión típica del español de las Islas Canarias
despect	=	despectivo
dim	=	diminutivo
eufem	=	eufemismo
f	=	femenino
fam	=	lenguaje familiar
fig	=	lenguaje figurativo
gal	=	galicismo, palabra de origen francés usada raramente en español
ger	=	de origen germánico (germanisch)
INF	=	infinitivo
infant	=	lenguaje infantil
interj	=	interjección
irón	=	irónico
lat	=	latín
lit	=	literario
loc	=	locución, giro idiomático
onom	=	onomatopeya (lautmalerisch)
pl	=	plural
rar	=	expresión de uso poco frecuente
refr	=	refrán (Sprichwort)
rel	=	religioso, respectivo a la religión
uc	=	una cosa, algo
up	=	una persona, alguien
vulg	=	expresión vulgar
$\neq$	=	contrario de
$\rightarrow$	=	remite a una palabra ya conocida